TURCO

VOCABULÁRIO

PORTUGUÊS BRASILEIRO

PORTUGUÊS TURCO

Para alargar o seu léxico e apurar
as suas competências linguísticas

3000 palavras

Vocabulário Português Brasileiro-Turco - 3000 palavras
Por Andrey Taranov

Os vocabulários da T&P Books destinam-se a ajudar a aprender, a memorizar, e a rever palavras estrangeiras. O dicionário é dividido em temas, cobrindo todas as principais esferas de atividades quotidianas, negócios, ciência, cultura, etc.

O processo de aprendizagem, utilizando os dicionários baseados em temáticas da T&P Books dá-lhe as seguintes vantagens:

- Informação de origem corretamente agrupada predetermina o sucesso em fases subsequentes da memorização de palavras
- Disponibilização de palavras derivadas da mesma raiz, o que permite a memorização de unidades de texto (em vez de palavras separadas)
- Pequenas unidades de palavras facilitam o processo de estabelecimento de vínculos associativos necessários para a consolidação do vocabulário
- O nível de conhecimento da língua pode ser estimado pelo número de palavras aprendidas

T&P Books Publishing
www.tpbooks.com

ISBN: 978-1-78767-436-3

Este livro também está disponível em formato E-book.
Por favor visite www.tpbooks.com ou as principais livrarias on-line.

VOCABULÁRIO TURCO
palavras mais úteis

Os vocabulários da T&P Books destinam-se a ajudar a aprender, a memorizar, e a rever palavras estrangeiras. O vocabulário contém mais de 3000 palavras de uso comum organizadas tematicamente.

O vocabulário contém as palavras mais comummente usadas
Recomendado como adicional para qualquer curso de línguas
Satisfaz as necessidades dos iniciados e dos alunos avançados de línguas estrangeiras
Conveniente para o uso diário, sessões de revisão e atividades de auto-teste
Permite avaliar o seu vocabulário

Características especias do vocabulário

- As palavras estão organizadas de acordo com o seu significado, e não por ordem alfabética
- As palavras são apresentadas em três colunas para facilitar os processos de revisão e auto-teste
- As palavras compostas são divididas em pequenos blocos para facilitar o processo de aprendizagem
- O vocabulário oferece uma transcrição simples e adequada de cada palavra estrangeira

O vocabulário contém 101 tópicos incluindo:

Conceitos básicos, Números, Cores, Meses, Estações do ano, Unidades de medida, Roupas & Acessórios, Alimentos & Nutrição, Restaurante, Membros da Família, Parentes, Caráter, Sentimentos, Emoções, Doenças, Cidade, Passeios, Compras, Dinheiro, Casa, Lar, Escritório, Trabalho no Escritório, Importação & Exportação, Marketing, Pesquisa de Emprego, Esportes, Educação, Computador, Internet, Ferramentas, Natureza, Países, Nacionalidades e muito mais ...

TABELA DE CONTEÚDOS

GUIA DE PRONUNCIAÇÃO

Alfabeto fonético T&P	Exemplo Turco	Exemplo Português
[a]	akşam [akʃam]	chamar
[e]	kemer [kemer]	mover
[i]	bitki [bitki]	sinônimo
[ı]	fırıncı [fırındʒı]	sinônimo
[o]	foto [foto]	lobo
[u]	kurşun [kurʃun]	bonita
[ø]	römorkör [rømorkør]	orgulhoso
[y]	cümle [dʒymle]	questionar

Consoantes

[b]	baba [baba]	barril
[d]	ahududu [ahududu]	dentista
[dʒ]	acil [adʒil]	adjetivo
[f]	felsefe [felsefe]	safári
[g]	guguk [guguk]	gosto
[ʒ]	Japon [ʒapon]	talvez
[j]	kayak [kajak]	Vietnã
[h]	merhaba [merhaba]	[h] aspirada
[k]	okumak [okumak]	aquilo
[l]	sağlıklı [saalıklı]	libra
[m]	mermer [mermer]	magnólia
[n]	nadiren [nadiren]	natureza
[p]	papaz [papaz]	presente
[r]	rehber [rehber]	riscar
[s]	saksağan [saksaan]	sanita
[ʃ]	şalgam [ʃalgam]	mês
[t]	takvim [takvim]	tulipa
[tʃ]	çelik [tʃelik]	Tchau!
[v]	Varşova [varʃova]	fava
[z]	kuzey [kuzej]	sésamo

ABREVIATURAS
usadas no vocabulário

Abreviaturas do Português

adj	-	adjetivo
adv	-	advérbio
anim.	-	animado
conj.	-	conjunção
desp.	-	esporte
etc.	-	Etcetera
ex.	-	por exemplo
f	-	nome feminino
f pl	-	feminino plural
fem.	-	feminino
inanim.	-	inanimado
m	-	nome masculino
m pl	-	masculino plural
m, f	-	masculino, feminino
masc.	-	masculino
mat.	-	matemática
mil.	-	militar
pl	-	plural
prep.	-	preposição
pron.	-	pronome
sb.	-	sobre
sing.	-	singular
v aux	-	verbo auxiliar
vi	-	verbo intransitivo
vi, vt	-	verbo intransitivo, transitivo
vr	-	verbo reflexivo
vt	-	verbo transitivo

CONCEITOS BÁSICOS

1. Pronomes

eu	ben	[ben]
você	sen	[sen]
ele, ela	o	[o]
nós	biz	[biz]
vocês	siz	[siz]
eles, elas	onlar	[onlar]

2. Cumprimentos. Saudações

Oi!	Selam!	[selam]
Olá!	Merhaba!	[merhaba]
Bom dia!	Günaydın!	[gynajdın]
Boa tarde!	İyi günler!	[iji gynler]
Boa noite!	İyi akşamlar!	[iji akʃamlar]
cumprimentar (vt)	selam vermek	[selam vermek]
Oi!	Selam!, Merhaba!	[selam], [merhaba]
saudação (f)	selam	[selam]
saudar (vt)	selamlamak	[selamlamak]
Tudo bem?	Nasılsın?	[nasılsın]
E aí, novidades?	Ne var ne yok?	[ne var ne jok]
Tchau! Até logo!	Hoşca kalın!	[hoʃʤa kalın]
Até breve!	Görüşürüz!	[gøryʃyryz]
Adeus! (sing.)	Güle güle!	[gyle gyle]
Adeus! (pl)	Elveda!	[elveda]
despedir-se (dizer adeus)	vedalaşmak	[vedalaʃmak]
Até mais!	Hoşça kal!	[hoʃʧa kal]
Obrigado! -a!	Teşekkür ederim!	[teʃekkyr ederim]
Muito obrigado! -a!	Çok teşekkür ederim!	[ʧok teʃekkyr ederim]
De nada	Rica ederim	[riʤa ederim]
Não tem de quê	Bir şey değil	[bir ʃej deil]
Não foi nada!	Estağfurullah	[estaafurulla]
Desculpa!	Affedersin!	[afedersin]
Desculpe!	Affedersiniz!	[afedersiniz]
desculpar (vt)	affetmek	[afetmek]
desculpar-se (vr)	özür dilemek	[øzyr dilemek]
Me desculpe	Özür dilerim	[øzyr dilerim]
Desculpe!	Affedersiniz!	[afedersiniz]
perdoar (vt)	affetmek	[afetmek]

por favor	lütfen	[lytfen]
Não se esqueça!	Unutmayın!	[unutmajın]
Com certeza!	Kesinlikle!	[kesinlikte]
Claro que não!	Tabi ki hayır!	[tabi ki hajır]
Está bem! De acordo!	Tamam!	[tamam]
Chega!	Yeter artık!	[jeter artık]

3. Questões

Quem?	Kim?	[kim]
O que?	Ne?	[ne]
Onde?	Nerede?	[nerede]
Para onde?	Nereye?	[nereje]
De onde?	Nereden?	[nereden]

Quando?	Ne zaman?	[ne zaman]
Para quê?	Neden?	[neden]
Por quê?	Neden?	[neden]

Para quê?	Ne için?	[ne itʃin]
Como?	Nasıl?	[nasıl]
Qual (~ é o problema?)	Hangi?	[hangi]
Qual (~ deles?)	Kaçıncı?	[katʃındʒı]

A quem?	Kime?	[kime]
De quem?	Kim hakkında?	[kim hakında]
Do quê?	Ne hakkında?	[ne hakkında]
Com quem?	Kimle?	[kimle]

Quantos? -as?	Ne kadar?	[ne kadar]
Quanto?	Kaç?	[katʃ]
De quem? (masc.)	Kimin?	[kimin]

4. Preposições

com (prep.)	... -ile, ... -le, ... -la	[ile], [le], [la]
sem (prep.)	... -sız, ... -suz	[sız], [suz]
a, para (exprime lugar)	... -e, ... -a	[e], [a]
sobre (ex. falar ~)	hakkında	[hakkında]

antes de ...	önce	[øndʒe]
em frente de ...	önünde	[ønynde]

debaixo de ...	altında	[altında]
sobre (em cima de)	üstünde	[ystynde]
em ..., sobre ...	üstüne	[ystyne]

de, do (sou ~ Rio de Janeiro)	... -den, ... -dan	[den], [dan]
de (feito ~ pedra)	... -den, ... -dan	[den], [dan]

em (~ 3 dias)	sonra	[sonra]
por cima de ...	üstünden	[ystynden]

5. Palavras funcionais. Advérbios. Parte 1

Onde?	Nerede?	[nerede]
aqui	burada	[burada]
lá, ali	orada	[orada]

em algum lugar	bir yerde	[bir jerde]
em lugar nenhum	hiç bir yerde	[hitʃ birj jerde]

perto de ...	... yanında	[janında]
perto da janela	pencerenin yanında	[pendʒerenin janında]

Para onde?	Nereye?	[nereje]
aqui	buraya	[buraja]
para lá	oraya	[oraja]
daqui	buradan	[buradan]
de lá, dali	oradan	[oradan]

perto	yakında	[jakında]
longe	uzağa	[uzaa]

perto de ...	yakında	[jakında]
à mão, perto	yakınında	[jakınında]
não fica longe	civarında	[dʒivarında]

esquerdo (adj)	sol	[sol]
à esquerda	solda	[solda]
para a esquerda	sola	[sola]

direito (adj)	sağ	[saa]
à direita	sağda	[saada]
para a direita	sağa	[saa]

em frente	önde	[ønde]
da frente	ön	[øn]
adiante (para a frente)	ileri	[ileri]

atrás de ...	arkada	[arkada]
de trás	arkadan	[arkadan]
para trás	geriye	[gerije]

meio (m), metade (f)	orta	[orta]
no meio	ortasında	[ortasında]

do lado	kenarda	[kenarda]
em todo lugar	her yerde	[her jerde]
por todos os lados	çevrede	[tʃevrede]

de dentro	içeriden	[itʃeriden]
para algum lugar	bir yere	[bir jere]
diretamente	dosdoğru	[dosdooru]
de volta	geri	[geri]

de algum lugar	bir yerden	[bir jerden]
de algum lugar	bir yerden	[bir jerden]

em primeiro lugar	ilk olarak	[ilk olarak]
em segundo lugar	ikinci olarak	[ikindʒi olarak]
em terceiro lugar	üçüncü olarak	[ytʃundʒy olarak]

de repente	birdenbire	[birdenbire]
no início	başlangıçta	[baʃlangıtʃta]
pela primeira vez	ilk kez	[ilk kez]
muito antes de ...	çok daha önce ...	[tʃok daa øndʒe]
de novo	yeniden	[jeniden]
para sempre	sonsuza kadar	[sonsuza kadar]

nunca	hiçbir zaman	[hitʃbir zaman]
de novo	tekrar	[tekrar]
agora	şimdi	[ʃimdi]
frequentemente	sık	[sık]
então	o zaman	[o zaman]
urgentemente	acele	[adʒele]
normalmente	genellikle	[genellikle]

a propósito, ...	aklıma gelmişken, ...	[aklıma gelmiʃken]
é possível	mümkündür	[mymkyndyr]
provavelmente	muhtemelen	[muhtemelen]
talvez	olabilir	[olabilir]
além disso, ...	ayrıca ...	[ajrıdʒa]
por isso ...	onun için	[onun itʃin]
apesar de ...	rağmen ...	[raamen]
graças a ...	... sayesinde	[sajesinde]

que (pron.)	ne	[ne]
que (conj.)	... -ki, ... -dığı, ... -diği	[ki], [dı:ı], [di:i]
algo	bir şey	[bir ʃej]
alguma coisa	bir şey	[bir ʃej]
nada	hiçbir şey	[hitʃbir ʃej]

quem	kim	[kim]
alguém (~ que ...)	birisi	[birisı]
alguém (com ~)	birisi	[birisı]

ninguém	hiç kimse	[hitʃ kimse]
para lugar nenhum	hiçbir yere	[hitʃbir jere]
de ninguém	kimsesiz	[kimsesiz]
de alguém	birinin	[birinin]

tão	öylesine	[øjlesine]
também (gostaria ~ de ...)	dahi, ayrıca	[dahi], [ajrıdʒa]
também (~ eu)	da	[da]

6. Palavras funcionais. Advérbios. Parte 2

Por quê?	Neden?	[neden]
por alguma razão	nedense	[nedense]
porque ...	çünkü	[tʃynky]
por qualquer razão	her nedense	[her nedense]
e (tu ~ eu)	ve	[ve]

13

ou (ser ~ não ser)	veya	[veja]
mas (porém)	fakat	[fakat]
para (~ a minha mãe)	için	[itʃin]
muito, demais	fazla	[fazla]
só, somente	ancak	[andʒak]
exatamente	tam	[tam]
cerca de (~ 10 kg)	yaklaşık	[jaklaʃık]
aproximadamente	yaklaşık olarak	[jaklaʃık olarak]
aproximado (adj)	yaklaşık	[jaklaʃık]
quase	hemen	[hemen]
resto (m)	geri kalan	[geri kalan]
cada (adj)	her biri	[her biri]
qualquer (adj)	herhangi biri	[herhangi biri]
muito, muitos, muitas	çok	[tʃok]
muitas pessoas	birçokları	[birtʃokları]
todos	hepsi, herkes	[hepsi], [herkez]
em troca de ...	... karşılık olarak	[karʃılık olarak]
em troca	yerine	[jerine]
à mão	elle, el ile	[elle], [el ile]
pouco provável	şüpheli	[ʃypheli]
provavelmente	galiba	[galiba]
de propósito	mahsus	[mahsus]
por acidente	tesadüfen	[tesadyfen]
muito	pek	[pek]
por exemplo	mesela	[mesela]
entre	arasında	[arasında]
entre (no meio de)	ortasında	[ortasında]
tanto	kadar	[kadar]
especialmente	özellikle	[øzelikle]

NÚMEROS. DIVERSOS

7. Números cardinais. Parte 1

zero	sıfır	[sıfır]
um	bir	[bir]
dois	iki	[iki]
três	üç	[ytʃ]
quatro	dört	[dørt]

cinco	beş	[beʃ]
seis	altı	[altı]
sete	yedi	[jedi]
oito	sekiz	[sekiz]
nove	dokuz	[dokuz]

dez	on	[on]
onze	on bir	[on bir]
doze	on iki	[on iki]
treze	on üç	[on ytʃ]
catorze	on dört	[on dørt]

quinze	on beş	[on beʃ]
dezesseis	on altı	[on altı]
dezessete	on yedi	[on jedi]
dezoito	on sekiz	[on sekiz]
dezenove	on dokuz	[on dokuz]

vinte	yirmi	[jirmi]
vinte e um	yirmi bir	[jirmi bir]
vinte e dois	yirmi iki	[jirmi iki]
vinte e três	yirmi üç	[jirmi ytʃ]

trinta	otuz	[otuz]
trinta e um	otuz bir	[otuz bir]
trinta e dois	otuz iki	[otuz iki]
trinta e três	otuz üç	[otuz ytʃ]

quarenta	kırk	[kırk]
quarenta e um	kırk bir	[kırk bir]
quarenta e dois	kırk iki	[kırk iki]
quarenta e três	kırk üç	[kırk ytʃ]

cinquenta	elli	[elli]
cinquenta e um	elli bir	[elli bir]
cinquenta e dois	elli iki	[elli iki]
cinquenta e três	elli üç	[elli ytʃ]

sessenta	altmış	[altmıʃ]
sessenta e um	altmış bir	[altmıʃ bir]

sessenta e dois	altmış iki	[altmıʃ iki]
sessenta e três	altmış üç	[altmıʃ ytʃ]
setenta	yetmiş	[jetmiʃ]
setenta e um	yetmiş bir	[jetmiʃ bir]
setenta e dois	yetmiş iki	[jetmiʃ iki]
setenta e três	yetmiş üç	[jetmiʃ ytʃ]
oitenta	seksen	[seksen]
oitenta e um	seksen bir	[seksen bir]
oitenta e dois	seksen iki	[seksen iki]
oitenta e três	seksen üç	[seksen ytʃ]
noventa	doksan	[doksan]
noventa e um	doksan bir	[doksan bir]
noventa e dois	doksan iki	[doksan iki]
noventa e três	doksan üç	[doksan ytʃ]

8. Números cardinais. Parte 2

cem	yüz	[juz]
duzentos	iki yüz	[iki juz]
trezentos	üç yüz	[ytʃ juz]
quatrocentos	dört yüz	[dørt juz]
quinhentos	beş yüz	[beʃ juz]
seiscentos	altı yüz	[altı juz]
setecentos	yedi yüz	[jedi juz]
oitocentos	sekiz yüz	[sekiz juz]
novecentos	dokuz yüz	[dokuz juz]
mil	bin	[bin]
dois mil	iki bin	[iki bin]
três mil	üç bin	[ytʃ bin]
dez mil	on bin	[on bin]
cem mil	yüz bin	[juz bin]
um milhão	milyon	[miljon]
um bilhão	milyar	[miljar]

9. Números ordinais

primeiro (adj)	birinci	[birindʒi]
segundo (adj)	ikinci	[ikindʒi]
terceiro (adj)	üçüncü	[ytʃyndʒy]
quarto (adj)	dördüncü	[dørdyndʒy]
quinto (adj)	beşinci	[beʃindʒi]
sexto (adj)	altıncı	[altındʒı]
sétimo (adj)	yedinci	[jedindʒi]
oitavo (adj)	sekizinci	[sekizindʒi]
nono (adj)	dokuzuncu	[dokuzundʒu]
décimo (adj)	onuncu	[onundʒu]

CORES. UNIDADES DE MEDIDA

10. Cores

cor (f)	renk	[renk]
tom (m)	renk tonu	[renk tonu]
tonalidade (m)	renk tonu	[renk tonu]
arco-íris (m)	gökkuşağı	[gøkkuʃaɪ]
branco (adj)	beyaz	[bejaz]
preto (adj)	siyah	[sijah]
cinza (adj)	gri	[gri]
verde (adj)	yeşil	[jeʃil]
amarelo (adj)	sarı	[sarı]
vermelho (adj)	kırmızı	[kırmızı]
azul (adj)	mavi	[mavi]
azul claro (adj)	açık mavi	[atʃık mavi]
rosa (adj)	pembe	[pembe]
laranja (adj)	turuncu	[turundʒu]
violeta (adj)	mor	[mor]
marrom (adj)	kahve rengi	[kahve rengi]
dourado (adj)	altın	[altın]
prateado (adj)	gümüşü	[gymyʃy]
bege (adj)	bej rengi	[beʒ rengi]
creme (adj)	krem rengi	[krem rengi]
turquesa (adj)	turkuaz	[turkuaz]
vermelho cereja (adj)	vişne rengi	[viʃne rengi]
lilás (adj)	leylak rengi	[lejlak rengi]
carmim (adj)	koyu kırmızı	[koju kırmızı]
claro (adj)	açık	[atʃık]
escuro (adj)	koyu	[koju]
vivo (adj)	parlak	[parlak]
de cor	renkli	[renkli]
a cores	renkli	[renkli]
preto e branco (adj)	siyah-beyaz	[sijah bejaz]
unicolor (de uma só cor)	tek renkli	[tek renkli]
multicolor (adj)	rengârenk	[rengjarenk]

11. Unidades de medida

peso (m)	ağırlık	[aırlık]
comprimento (m)	uzunluk	[uzunluk]

largura (f)	en, genişlik	[en], [geniʃlik]
altura (f)	yükseklik	[jukseklik]
profundidade (f)	derinlik	[derinlik]
volume (m)	hacim	[hadʒim]
área (f)	alan	[alan]

grama (m)	gram	[gram]
miligrama (m)	miligram	[miligram]
quilograma (m)	kilogram	[kilogram]
tonelada (f)	ton	[ton]
libra (453,6 gramas)	libre	[libre]
onça (f)	ons	[ons]

metro (m)	metre	[metre]
milímetro (m)	milimetre	[milimetre]
centímetro (m)	santimetre	[santimetre]
quilômetro (m)	kilometre	[kilometre]
milha (f)	mil	[mil]

polegada (f)	inç	[intʃ]
pé (304,74 mm)	kadem	[kadem]
jarda (914,383 mm)	yarda	[jarda]

| metro (m) quadrado | metre kare | [metre kare] |
| hectare (m) | hektar | [hektar] |

litro (m)	litre	[litre]
grau (m)	derece	[deredʒe]
volt (m)	volt	[volt]
ampère (m)	amper	[amper]
cavalo (m) de potência	beygir gücü	[bejgir gydʒy]

quantidade (f)	miktar	[miktar]
um pouco de …	biraz …	[biraz]
metade (f)	yarım	[jarɯm]
dúzia (f)	düzine	[dyzine]
peça (f)	adet, tane	[adet], [tane]

| tamanho (m), dimensão (f) | boyut | [bojut] |
| escala (f) | ölçek | [øltʃek] |

mínimo (adj)	minimum	[minimum]
menor, mais pequeno	en küçük	[en kytʃuk]
médio (adj)	orta	[orta]
máximo (adj)	maksimum	[maksimum]
maior, mais grande	en büyük	[en byjuk]

12. Recipientes

pote (m) de vidro	kavanoz	[kavanoz]
lata (~ de cerveja)	teneke	[teneke]
balde (m)	kova	[kova]
barril (m)	fıçı, varil	[fɯtʃɯ], [varil]
bacia (~ de plástico)	leğen	[leen]

tanque (m)	tank	[tank]
cantil (m) de bolso	matara	[matara]
galão (m) de gasolina	benzin bidonu	[benzin bidonu]
cisterna (f)	sarnıç	[sarnıtʃ]

caneca (f)	kupa	[kupa]
xícara (f)	fincan	[findʒan]
pires (m)	fincan tabağı	[findʒan tabaı]
copo (m)	bardak	[bardak]
taça (f) de vinho	kadeh	[kade]
panela (f)	tencere	[tendʒere]

garrafa (f)	şişe	[ʃiʃe]
gargalo (m)	boğaz	[boaz]

jarra (f)	sürahi	[syrahi]
jarro (m)	testi	[testi]
recipiente (m)	kap	[kap]
pote (m)	çömlek	[tʃømlek]
vaso (m)	vazo	[vazo]

frasco (~ de perfume)	şişe	[ʃiʃe]
frasquinho (m)	küçük şişe	[kytʃuk ʃiʃe]
tubo (m)	tüp	[typ]

saco (ex. ~ de açúcar)	poşet, torba	[poʃet], [torba]
sacola (~ plastica)	çuval	[tʃuval]
maço (de cigarros, etc.)	paket	[paket]

caixa (~ de sapatos, etc.)	kutu	[kutu]
caixote (~ de madeira)	sandık	[sandık]
cesto (m)	sepet	[sepet]

VERBOS PRINCIPAIS

13. Os verbos mais importantes. Parte 1

abrir (vt)	açmak	[atʃmak]
acabar, terminar (vt)	bitirmek	[bitirmek]
aconselhar (vt)	tavsiye etmek	[tavsije etmek]
adivinhar (vt)	doğru tahmin etmek	[dooru tahmin etmek]
advertir (vt)	uyarmak	[ujarmak]
ajudar (vt)	yardım etmek	[jardım etmek]
almoçar (vi)	öğle yemeği yemek	[ø:le jemei jemek]
alugar (~ um apartamento)	kiralamak	[kiralamak]
amar (pessoa)	sevmek	[sevmek]
ameaçar (vt)	tehdit etmek	[tehdit etmek]
anotar (escrever)	not almak	[not almak]
apressar-se (vr)	acele etmek	[adʒele etmek]
arrepender-se (vr)	üzülmek	[yzylmek]
assinar (vt)	imzalamak	[imzalamak]
brincar (vi)	şaka yapmak	[ʃaka japmak]
brincar, jogar (vi, vt)	oynamak	[ojnamak]
buscar (vt)	aramak	[aramak]
caçar (vi)	avlamak	[avlamak]
cair (vi)	düşmek	[dyʃmek]
cavar (vt)	kazmak	[kazmak]
chamar (~ por socorro)	çağırmak	[tʃaırmak]
chegar (vi)	gelmek	[gelmek]
chorar (vi)	ağlamak	[aalamak]
começar (vt)	başlamak	[baʃlamak]
comparar (vt)	karşılaştırmak	[karʃılaʃtırmak]
concordar (dizer "sim")	razı olmak	[razı olmak]
confiar (vt)	güvenmek	[gyvenmek]
confundir (equivocar-se)	ayırt edememek	[ajırt edememek]
conhecer (vt)	tanımak	[tanımak]
contar (fazer contas)	saymak	[sajmak]
contar com ...	... güvenmek	[gyvenmek]
continuar (vt)	devam etmek	[devam etmek]
controlar (vt)	kontrol etmek	[kontrol etmek]
convidar (vt)	davet etmek	[davet etmek]
correr (vi)	koşmak	[koʃmak]
criar (vt)	oluşturmak	[oluʃturmak]
custar (vt)	değerinde olmak	[deerinde olmak]

14. Os verbos mais importantes. Parte 2

dar (vt)	vermek	[vermek]
dar uma dica	ipucu vermek	[ipudʒu vermek]
decorar (enfeitar)	süslemek	[syslemek]
defender (vt)	savunmak	[savunmak]
deixar cair (vt)	düşürmek	[dyʃyrmek]
descer (para baixo)	aşağı inmek	[aʃaı inmek]
desculpar (vt)	affetmek	[afetmek]
desculpar-se (vr)	özür dilemek	[øzyr dilemek]
dirigir (~ uma empresa)	yönetmek	[jønetmek]
discutir (notícias, etc.)	görüşmek	[gøryʃmek]
disparar, atirar (vi)	ateş etmek	[ateʃ etmek]
dizer (vt)	söylemek	[søjlemek]
duvidar (vt)	tereddüt etmek	[tereddyt etmek]
encontrar (achar)	bulmak	[bulmak]
enganar (vt)	aldatmak	[aldatmak]
entender (vt)	anlamak	[anlamak]
entrar (na sala, etc.)	girmek	[girmek]
enviar (uma carta)	göndermek	[gøndermek]
errar (enganar-se)	hata yapmak	[hata japmak]
escolher (vt)	seçmek	[setʃmek]
esconder (vt)	saklamak	[saklamak]
escrever (vt)	yazmak	[jazmak]
esperar (aguardar)	beklemek	[beklemek]
esperar (ter esperança)	ummak	[ummak]
esquecer (vt)	unutmak	[unutmak]
estudar (vt)	öğrenmek	[ø:renmek]
exigir (vt)	talep etmek	[talep etmek]
existir (vi)	var olmak	[var olmak]
explicar (vt)	izah etmek	[izah etmek]
falar (vi)	konuşmak	[konuʃmak]
faltar (a la escuela, etc.)	gelmemek	[gelmemek]
fazer (vt)	yapmak, etmek	[japmak], [etmek]
ficar em silêncio	susmak	[susmak]
gabar-se (vr)	övünmek	[øvynmek]
gostar (apreciar)	hoşlanmak	[hoʃlanmak]
gritar (vi)	bağırmak	[baırmak]
guardar (fotos, etc.)	saklamak	[saklamak]
informar (vt)	bilgi vermek	[bilgi vermek]
insistir (vi)	ısrar etmek	[ısrar etmek]
insultar (vt)	hakaret etmek	[hakaret etmek]
interessar-se (vr)	ilgilenmek	[ilgilenmek]
ir (a pé)	yürümek, gitmek	[jurymek], [gitmek]
ir nadar	suya girmek	[suja girmek]
jantar (vi)	akşam yemeği yemek	[akʃam jemei jemek]

15. Os verbos mais importantes. Parte 3

ler (vt)	okumak	[okumak]
libertar, liberar (vt)	serbest bırakmak	[serbest bırakmak]
matar (vt)	öldürmek	[øldyrmek]
mencionar (vt)	anmak	[anmak]
mostrar (vt)	göstermek	[gøstermek]
mudar (modificar)	değiştirmek	[deiʃtirmek]
nadar (vi)	yüzmek	[juzmek]
negar-se a ... (vr)	reddetmek	[reddetmek]
objetar (vt)	itiraz etmek	[itiraz etmek]
observar (vt)	gözlemlemek	[gøzlemlemek]
ordenar (mil.)	emretmek	[emretmek]
ouvir (vt)	duymak	[dujmak]
pagar (vt)	ödemek	[ødemek]
parar (vi)	durmak	[durmak]
parar, cessar (vt)	durdurmak	[durdurmak]
participar (vi)	katılmak	[katılmak]
pedir (comida, etc.)	sipariş etmek	[sipariʃ etmek]
pedir (um favor, etc.)	rica etmek	[ridʒa etmek]
pegar (tomar)	almak	[almak]
pegar (uma bola)	tutmak	[tutmak]
pensar (vi, vt)	düşünmek	[dyʃynmek]
perceber (ver)	farketmek	[farketmek]
perdoar (vt)	affetmek	[afetmek]
perguntar (vt)	sormak	[sormak]
permitir (vt)	izin vermek	[izin vermek]
pertencer a ... (vi)	... ait olmak	[ait olmak]
planejar (vt)	planlamak	[planlamak]
poder (~ fazer algo)	yapabilmek	[japabilmek]
possuir (uma casa, etc.)	sahip olmak	[sahip olmak]
preferir (vt)	tercih etmek	[terdʒih etmek]
preparar (vt)	pişirmek	[piʃirmek]
prever (vt)	önceden görmek	[øndʒeden gørmek]
prometer (vt)	vaat etmek	[vaat etmek]
pronunciar (vt)	telâffuz etmek	[telafuz etmek]
propor (vt)	önermek	[ønermek]
punir (castigar)	cezalandırmak	[dʒezalandırmak]
quebrar (vt)	kırmak	[kırmak]
queixar-se de ...	şikayet etmek	[ʃikajet etmek]
querer (desejar)	istemek	[istemek]

16. Os verbos mais importantes. Parte 4

ralhar, repreender (vt)	sövmek	[søvmek]
recomendar (vt)	tavsiye etmek	[tavsije etmek]

repetir (dizer outra vez)	tekrar etmek	[tekrar etmek]
reservar (~ um quarto)	rezerve etmek	[rezerve etmek]
responder (vt)	cevap vermek	[dʒevap vermek]
rezar, orar (vi)	dua etmek	[dua etmek]
rir (vi)	gülmek	[gylmek]
roubar (vt)	çalmak	[ʧalmak]
saber (vt)	bilmek	[bilmek]
sair (~ de casa)	çıkmak	[ʧıkmak]
salvar (resgatar)	kurtarmak	[kurtarmak]
seguir (~ alguém)	... takip etmek	[takip etmek]
sentar-se (vr)	oturmak	[oturmak]
ser necessário	gerekmek	[gerekmek]
ser, estar	olmak	[olmak]
significar (vt)	anlamına gelmek	[anlamına gelmek]
sorrir (vi)	gülümsemek	[gylymsemek]
subestimar (vt)	değerini bilmemek	[deerini bilmemek]
surpreender-se (vr)	şaşırmak	[ʃaʃırmak]
tentar (~ fazer)	denemek	[denemek]
ter (vt)	sahip olmak	[sahip olmak]
ter fome	yemek istemek	[jemek istemek]
ter medo	korkmak	[korkmak]
ter sede	içmek istemek	[iʧmek istemek]
tocar (com as mãos)	ellemek	[ellemek]
tomar café da manhã	kahvaltı yapmak	[kahvaltı japmak]
trabalhar (vi)	çalışmak	[ʧalıʃmak]
traduzir (vt)	çevirmek	[ʧevirmek]
unir (vt)	birleştirmek	[birleʃtirmek]
vender (vt)	satmak	[satmak]
ver (vt)	görmek	[gørmek]
virar (~ para a direita)	dönmek	[dønmek]
voar (vi)	uçmak	[uʧmak]

TEMPO. CALENDÁRIO

17. Dias da semana

segunda-feira (f)	Pazartesi	[pazartesi]
terça-feira (f)	Salı	[salı]
quarta-feira (f)	Çarşamba	[tʃarʃamba]
quinta-feira (f)	Perşembe	[perʃembe]
sexta-feira (f)	Cuma	[dʒuma]
sábado (m)	Cumartesi	[dʒumartesi]
domingo (m)	Pazar	[pazar]

hoje	bugün	[bugyn]
amanhã	yarın	[jarın]
depois de amanhã	öbür gün	[øbyr gyn]
ontem	dün	[dyn]
anteontem	evvelki gün	[evvelki gyn]

dia (m)	gün	[gyn]
dia (m) de trabalho	iş günü	[iʃ gyny]
feriado (m)	bayram günü	[bajram gyny]
dia (m) de folga	tatil günü	[tatil gyny]
fim (m) de semana	hafta sonu	[hafta sonu]

o dia todo	bütün gün	[bytyn gyn]
no dia seguinte	ertesi gün	[ertesi gyn]
há dois dias	iki gün önce	[iki gyn øndʒe]
na véspera	bir gün önce	[bir gyn øndʒe]
diário (adj)	günlük	[gynlyk]
todos os dias	her gün	[her gyn]

semana (f)	hafta	[hafta]
na semana passada	geçen hafta	[getʃen hafta]
semana que vem	gelecek hafta	[geldʒek hafta]
semanal (adj)	haftalık	[haftalık]
toda semana	her hafta	[her hafta]
duas vezes por semana	haftada iki kez	[haftada iki kez]
toda terça-feira	her Salı	[her salı]

18. Horas. Dia e noite

manhã (f)	sabah	[sabah]
de manhã	sabahleyin	[sabahlejin]
meio-dia (m)	öğle, gün ortası	[ø:le], [gyn ortası]
à tarde	öğleden sonra	[ø:leden sonra]

tardinha (f)	akşam	[akʃam]
à tardinha	akşamleyin	[akʃamlejin]

noite (f)	gece	[gedʒe]
à noite	geceleyin	[gedʒelejin]
meia-noite (f)	gece yarısı	[gedʒe jarısı]

segundo (m)	saniye	[sanije]
minuto (m)	dakika	[dakika]
hora (f)	saat	[saat]
meia hora (f)	yarım saat	[jarım saat]
quarto (m) de hora	çeyrek saat	[tʃejrek saat]
quinze minutos	on beş dakika	[on beʃ dakika]
vinte e quatro horas	yirmi dört saat	[jirmi dørt saat]

nascer (m) do sol	güneşin doğuşu	[gyneʃin douʃu]
amanhecer (m)	şafak	[ʃafak]
madrugada (f)	sabah erken	[sabah erken]
pôr-do-sol (m)	güneş batışı	[gyneʃ batıʃı]

de madrugada	sabahın köründe	[sabahın kørynde]
esta manhã	bu sabah	[bu sabah]
amanhã de manhã	yarın sabah	[jarın sabah]

esta tarde	bu ikindi	[bu ikindi]
à tarde	öğleden sonra	[ø:leden sonra]
amanhã à tarde	yarın öğleden sonra	[jarın ø:leden sonra]

| esta noite, hoje à noite | bu akşam | [bu akʃam] |
| amanhã à noite | yarın akşam | [jarın akʃam] |

às três horas em ponto	tam saat üçte	[tam saat ytʃte]
por volta das quatro	saat dört civarında	[saat dørt dʒivarında]
às doze	saat on ikiye doğru	[saat on ikije dooru]

em vinte minutos	yirmi dakika içinde	[jirmi dakika itʃinde]
em uma hora	bir saat sonra	[bir saat sonra]
a tempo	zamanında	[zamanında]

... um quarto para	çeyrek kala	[tʃejrek kala]
dentro de uma hora	bir saat içinde	[bir saat itʃinde]
a cada quinze minutos	her on beş dakika	[her on beʃ dakika]
as vinte e quatro horas	gece gündüz	[gedʒe gyndyz]

19. Meses. Estações

janeiro (m)	ocak	[odʒak]
fevereiro (m)	şubat	[ʃubat]
março (m)	mart	[mart]
abril (m)	nisan	[nisan]
maio (m)	mayıs	[majıs]
junho (m)	haziran	[haziran]

julho (m)	temmuz	[temmuz]
agosto (m)	ağustos	[austos]
setembro (m)	eylül	[ejlyl]
outubro (m)	ekim	[ekim]

25

novembro (m)	kasım	[kasım]
dezembro (m)	aralık	[aralık]
primavera (f)	ilkbahar	[ilkbahar]
na primavera	ilkbaharda	[ilkbaharda]
primaveril (adj)	ilkbahar	[ilkbahar]
verão (m)	yaz	[jaz]
no verão	yazın	[jazın]
de verão	yaz	[jaz]
outono (m)	sonbahar	[sonbahar]
no outono	sonbaharda	[sonbaharda]
outonal (adj)	sonbahar	[sonbahar]
inverno (m)	kış	[kıʃ]
no inverno	kışın	[kıʃın]
de inverno	kış, kışlık	[kıʃ], [kıʃlık]
mês (m)	ay	[aj]
este mês	bu ay	[bu aj]
mês que vem	gelecek ay	[geledʒek aj]
no mês passado	geçen ay	[getʃen aj]
um mês atrás	bir ay önce	[bir aj øndʒe]
em um mês	bir ay sonra	[bir aj sonra]
em dois meses	iki ay sonra	[iki aj sonra]
todo o mês	tüm ay	[tym aj]
um mês inteiro	bütün ay	[bytyn aj]
mensal (adj)	aylık	[ajlık]
mensalmente	her ay	[her aj]
todo mês	her ay	[her aj]
duas vezes por mês	ayda iki kez	[ajda iki kez]
ano (m)	yıl, sene	[jıl], [sene]
este ano	bu sene, bu yıl	[bu sene], [bu jıl]
ano que vem	gelecek sene	[geledʒek sene]
no ano passado	geçen sene	[getʃen sene]
há um ano	bir yıl önce	[bir jıl øndʒe]
em um ano	bir yıl sonra	[bir jıl sonra]
dentro de dois anos	iki yıl sonra	[iki jıl sonra]
todo o ano	tüm yıl	[tym jıl]
um ano inteiro	bütün yıl	[bytyn jıl]
cada ano	her sene	[her sene]
anual (adj)	yıllık	[jıllık]
anualmente	her yıl	[her jıl]
quatro vezes por ano	yılda dört kere	[jılda dørt kere]
data (~ de hoje)	tarih	[tarih]
data (ex. ~ de nascimento)	tarih	[tarih]
calendário (m)	takvim	[takvim]
meio ano	yarım yıl	[jarım jıl]
seis meses	altı ay	[altı aj]

| estação (f) | **mevsim** | [mevsim] |
| século (m) | **yüzyıl** | [juzjıl] |

VIAGENS. HOTEL

20. Viagens

turismo (m)	turizm	[turizm]
turista (m)	turist	[turist]
viagem (f)	seyahat	[sejahat]
aventura (f)	macera	[madʒera]
percurso (curta viagem)	gezi	[gezi]
férias (f pl)	izin	[izin]
estar de férias	izinli olmak	[izinli olmak]
descanso (m)	istirahat	[istirahat]
trem (m)	tren	[tren]
de trem (chegar ~)	trenle	[trenle]
avião (m)	uçak	[utʃak]
de avião	uçakla	[utʃakla]
de carro	arabayla	[arabajla]
de navio	gemide	[gemide]
bagagem (f)	bagaj	[bagaʒ]
mala (f)	bavul	[bavul]
carrinho (m)	bagaj arabası	[bagaʒ arabası]
passaporte (m)	pasaport	[pasaport]
visto (m)	vize	[vize]
passagem (f)	bilet	[bilet]
passagem (f) aérea	uçak bileti	[utʃak bileti]
guia (m) de viagem	rehber	[rehber]
mapa (m)	harita	[harita]
área (f)	alan	[alan]
lugar (m)	yer	[jer]
exotismo (m)	egzotik	[ekzotik]
exótico (adj)	egzotik	[ekzotik]
surpreendente (adj)	şaşırtıcı	[ʃaʃırtıdʒı]
grupo (m)	grup	[grup]
excursão (f)	gezi	[gezi]
guia (m)	rehber	[rehber]

21. Hotel

hotel (m)	otel	[otel]
motel (m)	motel	[motel]
três estrelas	üç yıldızlı	[ytʃ jıldızlı]

cinco estrelas	**beş yıldızlı**	[beʃ jıldızlı]
ficar (vi, vt)	**kalmak**	[kalmak]
quarto (m)	**oda**	[oda]
quarto (m) individual	**tek kişilik oda**	[tek kiʃilik oda]
quarto (m) duplo	**iki kişilik oda**	[iki kiʃilik oda]
reservar um quarto	**oda ayırtmak**	[oda aırtmak]
meia pensão (f)	**yarım pansiyon**	[jarım pansjon]
pensão (f) completa	**tam pansiyon**	[tam pansjon]
com banheira	**banyolu**	[banjolu]
com chuveiro	**duşlu**	[duʃlu]
televisão (m) por satélite	**uydu televizyonu**	[ujdu televizjonu]
ar (m) condicionado	**klima**	[klima]
toalha (f)	**havlu**	[havlu]
chave (f)	**anahtar**	[anahtar]
administrador (m)	**idareci**	[idaredʒi]
camareira (f)	**hizmetçi**	[hizmetʃi]
bagageiro (m)	**hamal**	[hamal]
porteiro (m)	**kapıcı**	[kapıdʒı]
restaurante (m)	**restoran**	[restoran]
bar (m)	**bar**	[bar]
café (m) da manhã	**kahvaltı**	[kahvaltı]
jantar (m)	**akşam yemeği**	[akʃam jemei]
bufê (m)	**açık büfe**	[atʃık byfe]
saguão (m)	**lobi**	[lobi]
elevador (m)	**asansör**	[asansør]
NÃO PERTURBE	**RAHATSIZ ETMEYIN**	[rahatsız etmejin]
PROIBIDO FUMAR!	**SİGARA İÇİLMEZ**	[sigara itʃilmez]

22. Turismo

monumento (m)	**anıt**	[anıt]
fortaleza (f)	**kale**	[kale]
palácio (m)	**saray**	[saraj]
castelo (m)	**şato**	[ʃato]
torre (f)	**kule**	[kule]
mausoléu (m)	**anıtkabir**	[anıtkabir]
arquitetura (f)	**mimarlık**	[mimarlık]
medieval (adj)	**ortaçağ**	[ortatʃaa]
antigo (adj)	**antik, eski**	[antik], [eski]
nacional (adj)	**milli**	[milli]
famoso, conhecido (adj)	**meşhur**	[meʃhur]
turista (m)	**turist**	[turist]
guia (pessoa)	**rehber**	[rehber]
excursão (f)	**gezi**	[gezi]
mostrar (vt)	**göstermek**	[gøstermek]

contar (vt)	**anlatmak**	[anlatmak]
encontrar (vt)	**bulmak**	[bulmak]
perder-se (vr)	**kaybolmak**	[kajbolmak]
mapa (~ do metrô)	**şema**	[ʃema]
mapa (~ da cidade)	**plan**	[plan]
lembrança (f), presente (m)	**hediye**	[hedije]
loja (f) de presentes	**hediyelik eşya mağazası**	[hedijelik eʃa maazası]
tirar fotos, fotografar	**fotoğraf çekmek**	[fotoraf ʧekmek]
fotografar-se (vr)	**fotoğraf çektirmek**	[fotoraf ʧektirmek]

TRANSPORTES

23. Aeroporto

aeroporto (m)	havaalanı	[havaalanı]
avião (m)	uçak	[utʃak]
companhia (f) aérea	hava yolları şirketi	[hava jolları ʃirketi]
controlador (m) de tráfego aéreo	hava trafik kontrolörü	[hava trafik kontroløry]

partida (f)	kalkış	[kalkıʃ]
chegada (f)	varış	[varıʃ]
chegar (vi)	varmak	[varmak]

hora (f) de partida	kalkış saati	[kalkıʃ saati]
hora (f) de chegada	iniş saati	[iniʃ saati]

estar atrasado	gecikmek	[gedʒikmek]
atraso (m) de voo	gecikme	[gedʒikme]

painel (m) de informação	bilgi panosu	[bilgi panosu]
informação (f)	danışma	[danıʃma]
anunciar (vt)	anons etmek	[anons etmek]
voo (m)	uçuş, sefer	[utʃuʃ], [sefer]

alfândega (f)	gümrük	[gymryk]
funcionário (m) da alfândega	gümrükçü	[gymryktʃu]

declaração (f) alfandegária	gümrük beyannamesi	[gymryk bejannamesi]
preencher (vt)	doldurmak	[doldurmak]
preencher a declaração	beyanname doldurmak	[bejanname doldurmak]
controle (m) de passaporte	pasaport kontrol	[pasaport kontrol]

bagagem (f)	bagaj	[bagaʒ]
bagagem (f) de mão	el bagajı	[el bagaʒı]
carrinho (m)	bagaj arabası	[bagaʒ arabası]

pouso (m)	iniş	[iniʃ]
pista (f) de pouso	iniş pisti	[iniʃ pisti]
aterrissar (vi)	inmek	[inmek]
escada (f) de avião	uçak merdiveni	[utʃak merdiveni]

check-in (m)	check-in	[tʃek in]
balcão (m) do check-in	kontuar check-in	[kontuar tʃek in]
fazer o check-in	check-in yapmak	[tʃek in japmak]
cartão (m) de embarque	biniş kartı	[biniʃ kartı]
portão (m) de embarque	çıkış kapısı	[tʃıkıʃ kapısı]

trânsito (m)	transit	[transit]
esperar (vi, vt)	beklemek	[beklemek]

sala (f) de espera	bekleme salonu	[bekleme salonu]
despedir-se (acompanhar)	yolcu etmek	[joldʒu etmek]
despedir-se (dizer adeus)	vedalaşmak	[vedalaʃmak]

24. Avião

avião (m)	uçak	[utʃak]
passagem (f) aérea	uçak bileti	[utʃak bileti]
companhia (f) aérea	hava yolları şirketi	[hava jolları ʃirketi]
aeroporto (m)	havaalanı	[havaalanı]
supersônico (adj)	sesüstü	[sesysty]

comandante (m) do avião	kaptan pilot	[kaptan pilot]
tripulação (f)	ekip	[ekip]
piloto (m)	pilot	[pilot]
aeromoça (f)	hostes	[hostes]
copiloto (m)	seyrüseferci	[sejryseferdʒi]

asas (f pl)	kanatlar	[kanatlar]
cauda (f)	kuyruk	[kujruk]
cabine (f)	kabin	[kabin]
motor (m)	motor	[motor]

| trem (m) de pouso | iniş takımı | [iniʃ takımı] |
| turbina (f) | türbin | [tyrbin] |

| hélice (f) | pervane | [pervane] |
| caixa-preta (f) | kara kutu | [kara kutu] |

| coluna (f) de controle | kumanda kolu | [kumanda kolu] |
| combustível (m) | yakıt | [jakıt] |

instruções (f pl) de segurança	güvenlik kartı	[gyvenlik kartı]
máscara (f) de oxigênio	oksijen maskesi	[oksiʒen maskesi]
uniforme (m)	üniforma	[yniforma]

| colete (m) salva-vidas | can yeleği | [dʒan jelei] |
| paraquedas (m) | paraşüt | [paraʃyt] |

decolagem (f)	kalkış	[kalkıʃ]
descolar (vi)	kalkmak	[kalkmak]
pista (f) de decolagem	kalkış pisti	[kalkıʃ pisti]

| visibilidade (f) | görüş | [gøryʃ] |
| voo (m) | uçuş | [utʃuʃ] |

| altura (f) | yükseklik | [jukseklik] |
| poço (m) de ar | hava boşluğu | [hava boʃluu] |

assento (m)	yer	[jer]
fone (m) de ouvido	kulaklık	[kulaklık]
mesa (f) retrátil	katlanır tepsi	[katlanır tepsi]
janela (f)	pencere	[pendʒere]
corredor (m)	koridor	[koridor]

25. Comboio

trem (m)	tren	[tren]
trem (m) elétrico	elektrikli tren	[elektrikli tren]
trem (m)	hızlı tren	[hızlı tren]
locomotiva (f) diesel	dizel lokomotifi	[dizel lokomotifi]
locomotiva (f) a vapor	buharlı lokomotif	[buharlı lokomotif]
vagão (f) de passageiros	vagon	[vagon]
vagão-restaurante (m)	vagon restoran	[vagon restoran]
carris (m pl)	ray	[raj]
estrada (f) de ferro	demir yolu	[demir jolu]
travessa (f)	travers	[travers]
plataforma (f)	peron	[peron]
linha (f)	yol	[jol]
semáforo (m)	semafor	[semafor]
estação (f)	istasyon	[istasjon]
maquinista (m)	makinist	[makinist]
bagageiro (m)	hamal	[hamal]
hospedeiro, -a (m, f)	kondüktör	[kondyktør]
passageiro (m)	yolcu	[joldʒu]
revisor (m)	kondüktör	[kondyktør]
corredor (m)	koridor	[koridor]
freio (m) de emergência	imdat freni	[imdat freni]
compartimento (m)	kompartıman	[kompartıman]
cama (f)	yatak	[jatak]
cama (f) de cima	üst yatak	[yst jatak]
cama (f) de baixo	alt yatak	[alt jatak]
roupa (f) de cama	yatak takımı	[jatak takımı]
passagem (f)	bilet	[bilet]
horário (m)	tarife	[tarife]
painel (m) de informação	sefer tarifesi	[sefer tarifesi]
partir (vt)	kalkmak	[kalkmak]
partida (f)	kalkış	[kalkıʃ]
chegar (vi)	varmak	[varmak]
chegada (f)	varış	[varıʃ]
chegar de trem	trenle gelmek	[trenle gelmek]
pegar o trem	trene binmek	[trene binmek]
descer de trem	trenden inmek	[trenden inmek]
acidente (m) ferroviário	tren enkazı	[tren enkazı]
descarrilar (vi)	raydan çıkmak	[rajdan tʃıkmak]
locomotiva (f) a vapor	buharlı lokomotif	[buharlı lokomotif]
foguista (m)	ocakçı	[odʒaktʃı]
fornalha (f)	ocak	[odʒak]
carvão (m)	kömür	[kømyr]

26. Barco

| navio (m) | gemi | [gemi] |
| embarcação (f) | tekne | [tekne] |

barco (m) a vapor	vapur	[vapur]
barco (m) fluvial	dizel motorlu gemi	[dizel motorlu gemi]
transatlântico (m)	büyük gemi	[byjuk gemi]
cruzeiro (m)	kruvazör	[kruvazør]

iate (m)	yat	[jat]
rebocador (m)	römorkör	[rømorkør]
barcaça (f)	yük dubası	[juk dubası]
ferry (m)	feribot	[feribot]

| veleiro (m) | yelkenli gemi | [jelkenli gemi] |
| bergantim (m) | gulet | [gulet] |

| quebra-gelo (m) | buzkıran | [buzkıran] |
| submarino (m) | denizaltı | [denizaltı] |

bote, barco (m)	kayık	[kajık]
baleeira (bote salva-vidas)	filika	[filika]
bote (m) salva-vidas	cankurtaran filikası	[dʒankurtaran filikası]
lancha (f)	sürat teknesi	[syrat teknesi]

capitão (m)	kaptan	[kaptan]
marinheiro (m)	tayfa	[tajfa]
marujo (m)	denizci	[denizdʒi]
tripulação (f)	mürettebat	[myrettebat]

contramestre (m)	lostromo	[lostromo]
grumete (m)	miço	[mitʃo]
cozinheiro (m) de bordo	gemi aşçısı	[gemi aʃtʃısı]
médico (m) de bordo	gemi doktoru	[gemi doktoru]

convés (m)	güverte	[gyverte]
mastro (m)	direk	[direk]
vela (f)	yelken	[jelken]

porão (m)	ambar	[ambar]
proa (f)	geminin baş tarafı	[geminin baʃ tarafı]
popa (f)	kıç	[kıtʃ]
remo (m)	kürek	[kyrek]
hélice (f)	pervane	[pervane]

cabine (m)	kamara	[kamara]
sala (f) dos oficiais	subay yemek salonu	[subaj jemek salonu]
sala (f) das máquinas	makine dairesi	[makine dairesi]
ponte (m) de comando	kaptan köprüsü	[kaptan køprysy]
sala (f) de comunicações	telsiz odası	[telsiz odası]
onda (f)	dalga	[dalga]
diário (m) de bordo	gemi jurnali	[gemi ʒurnalı]
luneta (f)	tek dürbün	[tek dyrbyn]
sino (m)	çan	[tʃan]

bandeira (f)	**bayrak**	[bajrak]
cabo (m)	**halat**	[halat]
nó (m)	**düğüm**	[dyjum]
corrimão (m)	**vardavela**	[vardavela]
prancha (f) de embarque	**iskele**	[iskele]
âncora (f)	**çapa, demir**	[ʧapa], [demir]
recolher a âncora	**demir almak**	[demir almak]
jogar a âncora	**demir atmak**	[demir atmak]
amarra (corrente de âncora)	**çapa zinciri**	[ʧapa zindʒiri]
porto (m)	**liman**	[liman]
cais, amarradouro (m)	**iskele, rıhtım**	[iskele], [rıhtım]
atracar (vi)	**yanaşmak**	[janaʃmak]
desatracar (vi)	**iskeleden ayrılmak**	[iskeleden ajrılmak]
viagem (f)	**seyahat**	[sejahat]
cruzeiro (m)	**gemi turu**	[gemi turu]
rumo (m)	**seyir**	[sejir]
itinerário (m)	**rota**	[rota]
canal (m) de navegação	**seyir koridoru**	[sejir koridoru]
banco (m) de areia	**sığlık**	[sıːɪlık]
encalhar (vt)	**karaya oturmak**	[karaja oturmak]
tempestade (f)	**fırtına**	[fırtına]
sinal (m)	**sinyal**	[sinjal]
afundar-se (vr)	**batmak**	[batmak]
Homem ao mar!	**denize adam düştü**	[denize adam dyʃty]
SOS	**SOS**	[es o es]
boia (f) salva-vidas	**can simidi**	[dʒan simidi]

CIDADE

27. Transportes urbanos

ônibus (m)	otobüs	[otobys]
bonde (m) elétrico	tramvay	[tramvaj]
trólebus (m)	troleybüs	[trolejbys]
rota (f), itinerário (m)	rota	[rota]
número (m)	numara	[numara]
ir de ... (carro, etc.)	... gitmek	[gitmek]
entrar no ...	... binmek	[binmek]
descer do ...	... inmek	[inmek]
parada (f)	durak	[durak]
próxima parada (f)	sonraki durak	[sonraki durak]
terminal (m)	son durak	[son durak]
horário (m)	tarife	[tarife]
esperar (vt)	beklemek	[beklemek]
passagem (f)	bilet	[bilet]
tarifa (f)	bilet fiyatı	[bilet fijatı]
bilheteiro (m)	kasiyer	[kasijer]
controle (m) de passagens	bilet kontrolü	[bilet kontroly]
revisor (m)	kondüktör	[kondyktør]
atrasar-se (vr)	gecikmek	[gedʒikmek]
perder (o autocarro, etc.)	... kaçırmak	[katʃırmak]
estar com pressa	acele etmek	[adʒele etmek]
táxi (m)	taksi	[taksi]
taxista (m)	taksici	[taksidʒi]
de táxi (ir ~)	taksiyle	[taksijle]
ponto (m) de táxis	taksi durağı	[taksi duraı]
chamar um táxi	taksi çağırmak	[taksi tʃaırmak]
pegar um táxi	taksi tutmak	[taksi tutmak]
tráfego (m)	trafik	[trafik]
engarrafamento (m)	trafik sıkışıklığı	[trafik sıkıʃıklı:ı]
horas (f pl) de pico	bitirim ikili	[bitirim ikili]
estacionar (vi)	park etmek	[park etmek]
estacionar (vt)	park etmek	[park etmek]
parque (m) de estacionamento	park yeri	[park jeri]
metrô (m)	metro	[metro]
estação (f)	istasyon	[istasjon]
ir de metrô	metroya binmek	[metroja binmek]
trem (m)	tren	[tren]
estação (f) de trem	istasyon	[istasjon]

28. Cidade. Vida na cidade

cidade (f)	kent, şehir	[kent], [ʃehir]
capital (f)	başkent	[baʃkent]
aldeia (f)	köy	[køj]
mapa (m) da cidade	şehir planı	[ʃehir planı]
centro (m) da cidade	şehir merkezi	[ʃehir merkezi]
subúrbio (m)	varoş	[varoʃ]
suburbano (adj)	banliyö	[banljø]
periferia (f)	şehir kenarı	[ʃehir kenarı]
arredores (m pl)	çevre	[tʃevre]
quarteirão (m)	mahalle	[mahale]
quarteirão (m) residencial	yerleşim bölgesi	[jerleʃim bølgesi]
tráfego (m)	trafik	[trafik]
semáforo (m)	trafik ışıkları	[trafik ıʃıkları]
transporte (m) público	toplu taşıma	[toplu taʃıma]
cruzamento (m)	kavşak	[kavʃak]
faixa (f)	yaya geçidi	[jaja getʃidi]
túnel (m) subterrâneo	yeraltı geçidi	[jeraltı getʃidi]
cruzar, atravessar (vt)	geçmek	[getʃmek]
pedestre (m)	yaya	[jaja]
calçada (f)	yaya kaldırımı	[jaja kaldırımı]
ponte (f)	köprü	[køpry]
margem (f) do rio	rıhtım	[rıhtım]
fonte (f)	çeşme	[tʃeʃme]
alameda (f)	park yolu	[park jolu]
parque (m)	park	[park]
bulevar (m)	bulvar	[bulvar]
praça (f)	meydan	[mejdan]
avenida (f)	geniş cadde	[geniʃ dʒadde]
rua (f)	sokak, cadde	[sokak], [dʒadde]
travessa (f)	ara sokak	[ara sokak]
beco (m) sem saída	çıkmaz sokak	[tʃıkmaz sokak]
casa (f)	ev	[ev]
edifício, prédio (m)	bina	[bina]
arranha-céu (m)	gökdelen	[gøkdelen]
fachada (f)	cephe	[dʒephe]
telhado (m)	çatı	[tʃatı]
janela (f)	pencere	[pendʒere]
arco (m)	kemer	[kemer]
coluna (f)	sütün	[sytyn]
esquina (f)	köşe	[køʃe]
vitrine (f)	vitrin	[vitrin]
letreiro (m)	levha	[levha]
cartaz (do filme, etc.)	afiş	[afiʃ]
cartaz (m) publicitário	reklam panosu	[reklam panosu]

painel (m) publicitário	reklam panosu	[reklam panosu]
lixo (m)	çöp	[ʧøp]
lata (f) de lixo	çöp tenekesi	[ʧøp tenekesi]
jogar lixo na rua	çöp atmak	[ʧøp atmak]
aterro (m) sanitário	çöplük	[ʧøplyk]

orelhão (m)	telefon kulübesi	[telefon kylybesi]
poste (m) de luz	fener direği	[fener direi]
banco (m)	bank	[bank]

polícia (m)	erkek polis	[erkek polis]
polícia (instituição)	polis	[polis]
mendigo, pedinte (m)	dilenci	[dilenʤi]
desabrigado (m)	evsiz	[evsiz]

29. Instituições urbanas

loja (f)	mağaza	[maaza]
drogaria (f)	eczane	[edʒzane]
ótica (f)	optik	[optik]
centro (m) comercial	alışveriş merkezi	[alıʃveriʃ merkezi]
supermercado (m)	süpermarket	[sypermarket]

padaria (f)	ekmekçi dükkânı	[ekmekʧi dykkanı]
padeiro (m)	fırıncı	[fırınʤı]
pastelaria (f)	pastane	[pastane]
mercearia (f)	bakkaliye	[bakkalije]
açougue (m)	kasap dükkanı	[kasap dykkanı]

| fruteira (f) | manav | [manav] |
| mercado (m) | çarşı | [ʧarʃı] |

cafeteria (f)	kahvehane	[kahvehane]
restaurante (m)	restoran	[restoran]
bar (m)	birahane	[birahane]
pizzaria (f)	pizzacı	[pizaʤı]

salão (m) de cabeleireiro	kuaför salonu	[kuafør salonu]
agência (f) dos correios	postane	[postane]
lavanderia (f)	kuru temizleme	[kuru temizleme]
estúdio (m) fotográfico	fotoğraf stüdyosu	[fotoraf stydjosu]

sapataria (f)	ayakkabı mağazası	[ajakkabı maazası]
livraria (f)	kitabevi	[kitabevi]
loja (f) de artigos esportivos	spor mağazası	[spor maazası]

costureira (m)	elbise tamiri	[elbise tamiri]
aluguel (m) de roupa	giysi kiralama	[gijsı kiralama]
videolocadora (f)	film kiralama	[film kiralama]

circo (m)	sirk	[sirk]
jardim (m) zoológico	hayvanat bahçesi	[hajvanat bahʧesi]
cinema (m)	sinema	[sinema]
museu (m)	müze	[myze]

biblioteca (f)	kütüphane	[kytyphane]
teatro (m)	tiyatro	[tijatro]
ópera (f)	opera	[opera]
boate (casa noturna)	gece kulübü	[ged3e kulyby]
cassino (m)	kazino	[kazino]

mesquita (f)	cami	[d3ami]
sinagoga (f)	sinagog	[sinagog]
catedral (f)	katedral	[katedral]
templo (m)	ibadethane	[ibadethane]
igreja (f)	kilise	[kilise]

faculdade (f)	enstitü	[enstity]
universidade (f)	üniversite	[yniversite]
escola (f)	okul	[okul]

prefeitura (f)	belediye	[beledije]
câmara (f) municipal	belediye	[beledije]
hotel (m)	otel	[otel]
banco (m)	banka	[banka]

embaixada (f)	elçilik	[eltʃilik]
agência (f) de viagens	seyahat acentesi	[sejahat ad3entesi]
agência (f) de informações	danışma bürosu	[danıʃma byrosu]
casa (f) de câmbio	döviz bürosu	[døviz byrosu]

metrô (m)	metro	[metro]
hospital (m)	hastane	[hastane]

posto (m) de gasolina	benzin istasyonu	[benzin istasjonu]
parque (m) de estacionamento	park yeri	[park jeri]

30. Sinais

letreiro (m)	levha	[levha]
aviso (m)	yazı	[jazı]
cartaz, pôster (m)	poster, afiş	[poster], [afiʃ]
placa (f) de direção	işaret	[iʃaret]
seta (f)	ok	[ok]

aviso (advertência)	ikaz, uyarı	[ikaz], [ujarı]
sinal (m) de aviso	uyarı	[ujarı]
avisar, advertir (vt)	uyarmak	[ujarmak]

dia (m) de folga	tatil günü	[tatil gyny]
horário (~ dos trens, etc.)	tarife	[tarife]
horário (m)	çalışma saatleri	[tʃalıʃma saatleri]

BEM-VINDOS!	HOŞ GELDİNİZ	[hoʃ geldiniz]
ENTRADA	GİRİŞ	[giriʃ]
SAÍDA	ÇIKIŞ	[tʃıkıʃ]

EMPURRE	İTİNİZ	[itiniz]
PUXE	ÇEKİNİZ	[tʃekiniz]

| ABERTO | AÇIK | [atʃık] |
| FECHADO | KAPALI | [kapalı] |

| MULHER | BAYAN | [bajan] |
| HOMEM | BAY | [baj] |

DESCONTOS	İNDİRİM	[indirim]
SALDOS, PROMOÇÃO	UCUZLUK	[udʒuzluk]
NOVIDADE!	YENİ	[jeni]
GRÁTIS	BEDAVA	[bedava]

ATENÇÃO!	DİKKAT!	[dikkat]
NÃO HÁ VAGAS	BOŞ YER YOK	[boʃ jer jok]
RESERVADO	REZERVE	[rezerve]

ADMINISTRAÇÃO	MÜDÜR	[mydyr]
SOMENTE PESSOAL	PERSONEL HARİCİ	[personel haridʒi
AUTORIZADO	GİREMEZ	giremez]

CUIDADO CÃO FEROZ	DİKKAT KÖPEK VAR	[dikkat køpek var]
PROIBIDO FUMAR!	SİGARA İÇİLMEZ	[sigara itʃilmez]
NÃO TOCAR	DOKUNMAK YASAKTIR	[dokunmak jasaktır]

PERIGOSO	TEHLİKELİ	[tehlikeli]
PERIGO	TEHLİKE	[tehlike]
ALTA TENSÃO	YÜKSEK GERİLİM	[juksek gerilim]
PROIBIDO NADAR	SUYA GİRMEK YASAKTIR	[suja girmek jasaktır]
COM DEFEITO	HİZMET DIŞI	[hizmet dıʃı]

INFLAMÁVEL	YANICI MADDE	[janidʒi madde]
PROIBIDO	YASAKTIR	[jasaktır]
ENTRADA PROIBIDA	GİRMEK YASAKTIR	[girmek jasaktır]
CUIDADO TINTA FRESCA	DİKKAT ISLAK BOYA	[dikkat ıslak boja]

31. Compras

comprar (vt)	satın almak	[satın almak]
compra (f)	satın alınan şey	[satın alınan ʃej]
fazer compras	alışverişe gitmek	[alıʃveriʃe gitmek]
compras (f pl)	alışveriş	[alıʃveriʃ]

| estar aberta (loja) | çalışmak | [tʃalıʃmak] |
| estar fechada | kapanmak | [kapanmak] |

calçado (m)	ayakkabı	[ajakkabı]
roupa (f)	elbise	[elbise]
cosméticos (m pl)	kozmetik	[kozmetik]
alimentos (m pl)	gıda ürünleri	[gıda jurynleri]
presente (m)	hediye	[hedije]

vendedor (m)	satıcı	[satıdʒı]
vendedora (f)	satıcı kadın	[satıdʒı kadın]
caixa (f)	kasa	[kasa]
espelho (m)	ayna	[ajna]

balcão (m)	**tezgâh**	[tezgjah]
provador (m)	**deneme kabini**	[deneme kabini]
provar (vt)	**prova yapmak**	[prova japmak]
servir (roupa, caber)	**uymak**	[ujmak]
gostar (apreciar)	**hoşlanmak**	[hoʃlanmak]
preço (m)	**fiyat**	[fijat]
etiqueta (f) de preço	**fiyat etiketi**	[fijat etiketleri]
custar (vt)	**değerinde olmak**	[deerinde olmak]
Quanto?	**Kaç?**	[katʃ]
desconto (m)	**indirim**	[indirim]
não caro (adj)	**masrafsız**	[masrafsıs]
barato (adj)	**ucuz**	[udʒuz]
caro (adj)	**pahalı**	[pahalı]
É caro	**bu pahalıdır**	[bu pahalıdır]
aluguel (m)	**kira**	[kira]
alugar (roupas, etc.)	**kiralamak**	[kiralamak]
crédito (m)	**kredi**	[kredi]
a crédito	**krediyle**	[kredijle]

VESTUÁRIO & ACESSÓRIOS

32. Roupa exterior. Casacos

roupa (f)	elbise, kıyafet	[elbise], [kıjafet]
roupa (f) exterior	üst kıyafet	[yst kıjafet]
roupa (f) de inverno	kışlık kıyafet	[kıʃlık kıjafet]
sobretudo (m)	palto	[palto]
casaco (m) de pele	kürk manto	[kyrk manto]
jaqueta (f) de pele	kürk ceket	[kyrk dʒeket]
casaco (m) acolchoado	ceket aşağı	[dʒeket aʃaı]
casaco (m), jaqueta (f)	ceket	[dʒeket]
impermeável (m)	trençkot	[trentʃkot]
a prova d'água	su geçirmez	[su getʃirmez]

33. Vestuário de homem & mulher

camisa (f)	gömlek	[gømlek]
calça (f)	pantolon	[pantolon]
jeans (m)	kot pantolon	[kot pantolon]
paletó, terno (m)	ceket	[dʒeket]
terno (m)	takım elbise	[takım elbise]
vestido (ex. ~ de noiva)	elbise, kıyafet	[elbise], [kıjafet]
saia (f)	etek	[etek]
blusa (f)	gömlek, bluz	[gømlek], [bluz]
casaco (m) de malha	hırka	[hırka]
casaco, blazer (m)	ceket	[dʒeket]
camiseta (f)	tişört	[tiʃørt]
short (m)	şort	[ʃort]
training (m)	eşofman	[eʃofman]
roupão (m) de banho	bornoz	[bornoz]
pijama (m)	pijama	[piʒama]
suéter (m)	süveter	[syveter]
pulôver (m)	pulover	[pulover]
colete (m)	yelek	[jelek]
fraque (m)	frak	[frak]
smoking (m)	smokin	[smokin]
uniforme (m)	üniforma	[yniforma]
roupa (f) de trabalho	iş elbisesi	[iʃ elbisesi]
macacão (m)	tulum	[tulum]
jaleco (m), bata (f)	önlük	[ønlyk]

34. Vestuário. Roupa interior

roupa (f) íntima	iç çamaşırı	[itʃ tʃamaʃırı]
cueca boxer (f)	şort külot	[ʃort kylot]
calcinha (f)	bayan külot	[bajan kylot]
camiseta (f)	atlet	[atlet]
meias (f pl)	kısa çorap	[kısa tʃorap]
camisola (f)	gecelik	[gedʒelik]
sutiã (m)	sutyen	[sutjen]
meias longas (f pl)	diz hizası çorap	[diz hizası tʃorap]
meias-calças (f pl)	külotlu çorap	[kyløtly tʃorap]
meias (~ de nylon)	çorap	[tʃorap]
maiô (m)	mayo	[majo]

35. Adereços de cabeça

chapéu (m), touca (f)	şapka	[ʃapka]
chapéu (m) de feltro	fötr şapka	[føtr ʃapka]
boné (m) de beisebol	beyzbol şapkası	[bejzbol ʃapkası]
boina (~ italiana)	kasket	[kasket]
boina (ex. ~ basca)	bere	[bere]
capuz (m)	kapüşon	[kapyʃon]
chapéu panamá (m)	panama	[panama]
touca (f)	örgü şapka	[ørgy ʃapka]
lenço (m)	başörtüsü	[baʃ ørtysy]
chapéu (m) feminino	kadın şapkası	[kadın ʃapkası]
capacete (m) de proteção	baret, kask	[baret], [kask]
bibico (m)	kayık kep	[kajık kep]
capacete (m)	kask	[kask]
chapéu-coco (m)	melon şapka	[melon ʃapka]
cartola (f)	silindir şapka	[silindir ʃapka]

36. Calçado

calçado (m)	ayakkabı	[ajakkabı]
botinas (f pl), sapatos (m pl)	potinler	[potinler]
sapatos (de salto alto, etc.)	ayakkabılar	[ajakkabılar]
botas (f pl)	çizmeler	[tʃizmeler]
pantufas (f pl)	terlik	[terlik]
tênis (~ Nike, etc.)	tenis ayakkabısı	[tenis ajakkabısı]
tênis (~ Converse)	spor ayakkabısı	[spor ajakkabısı]
sandálias (f pl)	sandalet	[sandalet]
sapateiro (m)	ayakkabıcı	[ajakkabıdʒı]
salto (m)	topuk	[topuk]

par (m)	bir çift ayakkabı	[bir tʃift ajakkabı]
cadarço (m)	bağ	[baa]
amarrar os cadarços	bağlamak	[baalamak]
calçadeira (f)	kaşık	[kaʃık]
graxa (f) para calçado	ayakkabı boyası	[ajakkabı bojası]

37. Acessórios pessoais

luva (f)	eldiven	[eldiven]
mitenes (f pl)	tek parmaklı eldiven	[tek parmaklı eldiven]
cachecol (m)	atkı	[atkı]

óculos (m pl)	gözlük	[gøzlyk]
armação (f)	çerçeve	[tʃertʃeve]
guarda-chuva (m)	şemsiye	[ʃemsije]
bengala (f)	baston	[baston]
escova (f) para o cabelo	saç fırçası	[satʃ firtʃası]
leque (m)	yelpaze	[jelpaze]

gravata (f)	kravat	[kravat]
gravata-borboleta (f)	papyon	[papjon]
suspensórios (m pl)	pantolon askısı	[pantolon askısı]
lenço (m)	mendil	[mendil]

pente (m)	tarak	[tarak]
fivela (f) para cabelo	toka	[toka]
grampo (m)	firkete	[firkete]
fivela (f)	kemer tokası	[kemer tokası]

| cinto (m) | kemer | [kemer] |
| alça (f) de ombro | kayış | [kajıʃ] |

bolsa (f)	çanta	[tʃanta]
bolsa (feminina)	bayan çantası	[bajan tʃantası]
mochila (f)	arka çantası	[arka tʃantası]

38. Vestuário. Diversos

moda (f)	moda	[moda]
na moda (adj)	modaya uygun	[modaja ujgun]
estilista (m)	modelci	[modeldʒi]

colarinho (m)	yaka	[jaka]
bolso (m)	cep	[dʒep]
de bolso	cep	[dʒep]
manga (f)	kol	[kol]
ganchinho (m)	askı	[askı]
bragueta (f)	pantolon fermuarı	[pantolon fermuarı]

zíper (m)	fermuar	[fermuar]
colchete (m)	kopça	[koptʃa]
botão (m)	düğme	[dyjme]

botoeira (casa de botão)	düğme iliği	[dyjme ili:i]
soltar-se (vr)	kopmak	[kopmak]

costurar (vi)	dikmek	[dikmek]
bordar (vt)	nakış işlemek	[nakıʃ iʃlemek]
bordado (m)	nakış	[nakıʃ]
agulha (f)	iğne	[i:ine]
fio, linha (f)	iplik	[iplik]
costura (f)	dikiş	[dikiʃ]

sujar-se (vr)	kirlenmek	[kirlenmek]
mancha (f)	leke	[leke]
amarrotar-se (vr)	buruşmak	[buruʃmak]
rasgar (vt)	yırtmak	[jɪrtmak]
traça (f)	güve	[gyve]

39. Cuidados pessoais. Cosméticos

pasta (f) de dente	diş macunu	[diʃ madʒunu]
escova (f) de dente	diş fırçası	[diʃ fɪrtʃası]
escovar os dentes	dişlerini fırçalamak	[diʃlerini fɪrtʃalamak]

gilete (f)	jilet	[ʒilet]
creme (m) de barbear	tıraş kremi	[tɪraʃ kremi]
barbear-se (vr)	tıraş olmak	[tɪraʃ olmak]

sabonete (m)	sabun	[sabun]
xampu (m)	şampuan	[ʃampuan]

tesoura (f)	makas	[makas]
lixa (f) de unhas	tırnak törpüsü	[tɪrnak tørpysy]
corta-unhas (m)	tırnak makası	[tɪrnak makası]
pinça (f)	cımbız	[dʒɪmbɪz]

cosméticos (m pl)	kozmetik	[kozmetik]
máscara (f)	yüz maskesi	[juz maskesi]
manicure (f)	manikür	[manikyr]
fazer as unhas	manikür yapmak	[manikyr japmak]
pedicure (f)	pedikür	[pedikyr]

bolsa (f) de maquiagem	makyaj çantası	[makjaʒ tʃantası]
pó (de arroz)	pudra	[pudra]
pó (m) compacto	pudralık	[pudralık]
blush (m)	allık	[allık]

perfume (m)	parfüm	[parfym]
água-de-colônia (f)	parfüm suyu	[parfym suju]
loção (f)	losyon	[losjon]
colônia (f)	kolonya	[kolonja]

sombra (f) de olhos	far	[far]
delineador (m)	göz kalemi	[gøz kalemi]
máscara (f), rímel (m)	rimel	[rimel]
batom (m)	ruj	[ruʒ]

esmalte (m)	oje	[oʒe]
laquê (m), spray fixador (m)	saç spreyi	[satʃ spreji]
desodorante (m)	deodorant	[deodorant]

creme (m)	krem	[krem]
creme (m) de rosto	yüz kremi	[juz kremi]
creme (m) de mãos	el kremi	[el kremi]
creme (m) antirrugas	kırışıklık giderici krem	[kırıʃıklık gideridʒi krem]
creme (m) de dia	gündüz kremi	[gyndyz krem]
creme (m) de noite	gece kremi	[gedʒe kremi]
de dia	gündüz	[gyndyz]
da noite	gece	[gedʒe]

absorvente (m) interno	tampon	[tampon]
papel (m) higiênico	tuvalet kağıdı	[tuvalet kaıdı]
secador (m) de cabelo	saç kurutma makinesi	[satʃ kurutma makinesi]

40. Relógios de pulso. Relógios

relógio (m) de pulso	el saati	[el saati]
mostrador (m)	kadran	[kadran]
ponteiro (m)	akrep, yelkovan	[akrep], [jelkovan]
bracelete (em aço)	metal kordon	[metal kordon]
bracelete (em couro)	kayış	[kajıʃ]

pilha (f)	pil	[pil]
acabar (vi)	bitmek	[bitmek]
trocar a pilha	pil değiştirmek	[pil deiʃtirmek]
estar adiantado	ileri gitmek	[ileri gitmek]
estar atrasado	geride kalmak	[geride kalmak]

relógio (m) de parede	duvar saati	[duvar saati]
ampulheta (f)	kum saati	[kum saati]
relógio (m) de sol	güneş saati	[gyneʃ saati]
despertador (m)	çalar saat	[tʃalar saat]
relojoeiro (m)	saatçi	[saatʃi]
reparar (vt)	tamir etmek	[tamir etmek]

EXPERIÊNCIA DO QUOTIDIANO

41. Dinheiro

dinheiro (m)	para	[para]
câmbio (m)	kambiyo	[kambijo]
taxa (f) de câmbio	kur	[kur]
caixa (m) eletrônico	bankamatik	[bankamatik]
moeda (f)	para	[para]
dólar (m)	dolar	[dolar]
euro (m)	Euro	[juro]
lira (f)	liret	[liret]
marco (m)	Alman markı	[alman markı]
franco (m)	frank	[frank]
libra (f) esterlina	İngiliz sterlini	[ingiliz sterlini]
iene (m)	yen	[jen]
dívida (f)	borç	[bortʃ]
devedor (m)	borçlu	[bortʃlu]
emprestar (vt)	borç vermek	[bortʃ vermek]
pedir emprestado	borç almak	[bortʃ almak]
banco (m)	banka	[banka]
conta (f)	hesap	[hesap]
depositar na conta	para yatırmak	[para jatırmak]
sacar (vt)	hesaptan çekmek	[hesaptan tʃekmek]
cartão (m) de crédito	kredi kartı	[kredi kartı]
dinheiro (m) vivo	nakit para	[nakit para]
cheque (m)	çek	[tʃek]
passar um cheque	çek yazmak	[tʃek jazmak]
talão (m) de cheques	çek defteri	[tʃek defteri]
carteira (f)	cüzdan	[dʒyzdan]
niqueleira (f)	para cüzdanı	[para dʒyzdanı]
cofre (m)	para kasası	[para kasası]
herdeiro (m)	mirasçı	[mirastʃı]
herança (f)	miras	[miras]
fortuna (riqueza)	varlık	[varlık]
arrendamento (m)	kira	[kira]
aluguel (pagar o ~)	ev kirası	[ev kirası]
alugar (vt)	kiralamak	[kiralamak]
preço (m)	fiyat	[fijat]
custo (m)	maliyet	[malijet]
soma (f)	toplam	[toplam]

gastar (vt)	harcamak	[hardʒamak]
gastos (m pl)	masraflar	[masraflar]
economizar (vi)	idareli kullanmak	[idareli kullanmak]
econômico (adj)	tutumlu	[tutumlu]
pagar (vt)	ödemek	[ødemek]
pagamento (m)	ödeme	[ødeme]
troco (m)	para üstü	[para justy]
imposto (m)	vergi	[vergi]
multa (f)	ceza	[dʒeza]
multar (vt)	ceza kesmek	[dʒeza kesmek]

42. Correios. Serviço postal

agência (f) dos correios	postane	[postane]
correio (m)	posta	[posta]
carteiro (m)	postacı	[postadʒı]
horário (m)	çalışma saatleri	[tʃalıʃma saatleri]
carta (f)	mektup	[mektup]
carta (f) registada	taahhütlü mektup	[ta:hhytly mektup]
cartão (m) postal	kart	[kart]
telegrama (m)	telgraf	[telgraf]
encomenda (f)	koli	[koli]
transferência (f) de dinheiro	para havalesi	[para havalesi]
receber (vt)	almak	[almak]
enviar (vt)	göndermek	[gøndermek]
envio (m)	gönderme	[gønderme]
endereço (m)	adres	[adres]
código (m) postal	endeks, indeks	[endeks], [indeks]
remetente (m)	gönderen	[gønderen]
destinatário (m)	alıcı	[alıdʒı]
nome (m)	ad, isim	[ad], [isim]
sobrenome (m)	soyadı	[sojadı]
tarifa (f)	tarife	[tarife]
ordinário (adj)	normal	[normal]
econômico (adj)	ekonomik	[ekonomik]
peso (m)	ağırlık	[aırlık]
pesar (estabelecer o peso)	tartmak	[tartmak]
envelope (m)	zarf	[zarf]
selo (m) postal	pul	[pul]

43. Banca

banco (m)	banka	[banka]
balcão (f)	banka şubesi	[banka ʃubesı]

consultor (m) bancário	danışman	[danıʃman]
gerente (m)	yönetici	[jønetidʒi]
conta (f)	hesap	[hesap]
número (m) da conta	hesap numarası	[hesap numarası]
conta (f) corrente	çek hesabı	[tʃek hesabı]
conta (f) poupança	mevduat hesabı	[mevduat hesabı]
abrir uma conta	hesap açmak	[hesap atʃmak]
fechar uma conta	hesap kapatmak	[hesap kapatmak]
depositar na conta	para yatırmak	[para jatırmak]
sacar (vt)	hesaptan çekmek	[hesaptan tʃekmek]
depósito (m)	mevduat	[mevduat]
fazer um depósito	depozito vermek	[depozito vermek]
transferência (f) bancária	havale	[havale]
transferir (vt)	havale etmek	[havale etmek]
soma (f)	toplam	[toplam]
Quanto?	Kaç?	[katʃ]
assinatura (f)	imza	[imza]
assinar (vt)	imzalamak	[imzalamak]
cartão (m) de crédito	kredi kartı	[kredi kartı]
senha (f)	kod	[kod]
número (m) do cartão de crédito	kredi kartı numarası	[kredi kartı numarası]
caixa (m) eletrônico	bankamatik	[bankamatik]
cheque (m)	çek	[tʃek]
passar um cheque	çek yazmak	[tʃek jazmak]
talão (m) de cheques	çek defteri	[tʃek defteri]
empréstimo (m)	kredi	[kredi]
pedir um empréstimo	krediye başvurmak	[kredije baʃvurmak]
obter empréstimo	kredi almak	[kredi almak]
dar um empréstimo	kredi vermek	[kredi vermek]
garantia (f)	garanti	[garanti]

44. Telefone. Conversação telefônica

telefone (m)	telefon	[telefon]
celular (m)	cep telefonu	[dʒep telefonu]
secretária (f) eletrônica	telesekreter	[telesekreter]
fazer uma chamada	telefonla aramak	[telefonla aramak]
chamada (f)	arama, görüşme	[arama], [gøryʃme]
discar um número	numarayı aramak	[numarajı aramak]
Alô!	Alo!	[alø]
perguntar (vt)	sormak	[sormak]
responder (vt)	cevap vermek	[dʒevap vermek]
ouvir (vt)	duymak	[dujmak]

bem	iyi	[iji]
mal	kötü	[køty]
ruído (m)	parazit	[parazit]

fone (m)	telefon ahizesi	[telefon ahizesi]
pegar o telefone	açmak telefonu	[atʃmak telefonu]
desligar (vi)	telefonu kapatmak	[telefonu kapatmak]

ocupado (adj)	meşgul	[meʃgul]
tocar (vi)	çalmak	[tʃalmak]
lista (f) telefônica	telefon rehberi	[telefon rehberi]

local (adj)	şehiriçi	[ʃehiritʃi]
chamada (f) local	şehiriçi görüşme	[ʃehiritʃi gøryʃme]
de longa distância	şehirlerarası	[ʃehirlerarası]
chamada (f) de longa distância	şehirlerarası görüşme	[ʃehirlerarası gøryʃme]
internacional (adj)	uluslararası	[uluslar arası]
chamada (f) internacional	uluslararası görüşme	[uluslararası gøryʃme]

45. Telefone móvel

celular (m)	cep telefonu	[dʒep telefonu]
tela (f)	ekran	[ekran]
botão (m)	düğme	[dyjme]
cartão SIM (m)	SIM kartı	[sim kartı]

bateria (f)	pil	[pil]
descarregar-se (vr)	bitmek	[bitmek]
carregador (m)	şarj cihazı	[ʃarʒ dʒihazı]

menu (m)	menü	[meny]
configurações (f pl)	ayarlar	[ajarlar]
melodia (f)	melodi	[melodi]
escolher (vt)	seçmek	[setʃmek]

calculadora (f)	hesaplamalar	[hesaplamanar]
correio (m) de voz	söz postası	[søz postası]
despertador (m)	çalar saat	[tʃalar saat]
contatos (m pl)	rehber	[rehber]

| mensagem (f) de texto | SMS mesajı | [esemes mesaʒı] |
| assinante (m) | abone | [abone] |

46. Estacionário

| caneta (f) | tükenmez kalem | [tykenmez kalem] |
| caneta (f) tinteiro | dolma kalem | [dolma kalem] |

lápis (m)	kurşun kalem	[kurʃun kalem]
marcador (m) de texto	fosforlu kalem	[fosforlu kalem]
caneta (f) hidrográfica	keçeli kalem	[ketʃeli kalem]

| bloco (m) de notas | not defteri | [not defteri] |
| agenda (f) | ajanda | [aʒanda] |

régua (f)	cetvel	[dʒetvel]
calculadora (f)	hesap makinesi	[hesap makinesi]
borracha (f)	silgi	[silgi]
alfinete (m)	raptiye	[raptije]
clipe (m)	ataş	[ataʃ]

cola (f)	yapıştırıcı	[japıʃtırıdʒı]
grampeador (m)	zımba	[zımba]
furador (m) de papel	delgeç	[delgetʃ]
apontador (m)	kalemtıraş	[kalem tıraʃ]

47. Línguas estrangeiras

língua (f)	dil	[dil]
estrangeiro (adj)	yabancı	[jabandʒı]
língua (f) estrangeira	yabancı dil	[jabandʒı dil]
estudar (vt)	öğrenim görmek	[ø:renim gørmek]
aprender (vt)	öğrenmek	[ø:renmek]

ler (vt)	okumak	[okumak]
falar (vi)	konuşmak	[konuʃmak]
entender (vt)	anlamak	[anlamak]
escrever (vt)	yazmak	[jazmak]

rapidamente	çabuk	[tʃabuk]
devagar, lentamente	yavaş	[javaʃ]
fluentemente	akıcı bir şekilde	[akıdʒı bir ʃekilde]

regras (f pl)	kurallar	[kurallar]
gramática (f)	gramer	[gramer]
vocabulário (m)	kelime hazinesi	[kelime hazinesi]
fonética (f)	fonetik	[fonetik]

livro (m) didático	ders kitabı	[ders kitabı]
dicionário (m)	sözlük	[søzlyk]
manual (m) autodidático	öz eğitim rehberi	[øz eitim rehberi]
guia (m) de conversação	konuşma kılavuzu	[konuʃma kılavuzu]

fita (f) cassete	kaset	[kaset]
videoteipe (m)	videokaset	[videokaset]
CD (m)	CD	[sidi]
DVD (m)	DVD	[dividi]

alfabeto (m)	alfabe	[alfabe]
soletrar (vt)	hecelemek	[hedʒelemek]
pronúncia (f)	telâffuz	[telaffyz]

sotaque (m)	aksan	[aksan]
com sotaque	aksan ile	[aksan ile]
sem sotaque	aksansız	[aksansız]
palavra (f)	kelime	[kelime]

sentido (m)	**mana**	[mana]
curso (m)	**kurslar**	[kurslar]
inscrever-se (vr)	**yazılmak**	[jazılmak]
professor (m)	**öğretmen**	[ø:retmen]
tradução (processo)	**çeviri**	[ʧeviri]
tradução (texto)	**tercüme**	[terdʒyme]
tradutor (m)	**çevirmen**	[ʧevirmen]
intérprete (m)	**tercüman**	[terdʒyman]
poliglota (m)	**birçok dil bilen**	[birʧok dil bilen]
memória (f)	**hafıza**	[hafıza]

REFEIÇÕES. RESTAURANTE

48. Por a mesa

colher (f)	kaşık	[kaʃɯk]
faca (f)	bıçak	[bɯtʃak]
garfo (m)	çatal	[tʃatal]

xícara (f)	fincan	[findʒan]
prato (m)	tabak	[tabak]
pires (m)	fincan tabağı	[findʒan tabaɯ]
guardanapo (m)	peçete	[petʃete]
palito (m)	kürdan	[kyrdan]

49. Restaurante

restaurante (m)	restoran	[restoran]
cafeteria (f)	kahvehane	[kahvehane]
bar (m), cervejaria (f)	bar	[bar]
salão (m) de chá	çay salonu	[tʃaj salonu]

garçom (m)	garson	[garson]
garçonete (f)	kadın garson	[kadɯn garson]
barman (m)	barmen	[barmen]

cardápio (m)	menü	[meny]
lista (f) de vinhos	şarap listesi	[ʃarap listesi]
reservar uma mesa	masa ayırtmak	[masa ajɯrtmak]

prato (m)	yemek	[jemek]
pedir (vt)	sipariş etmek	[sipariʃ etmek]
fazer o pedido	sipariş vermek	[sipariʃ vermek]

aperitivo (m)	aperatif	[aperatif]
entrada (f)	çerez	[tʃerez]
sobremesa (f)	tatlı	[tatlɯ]

conta (f)	hesap	[hesap]
pagar a conta	hesabı ödemek	[hesabɯ ødemek]
dar o troco	para üstü vermek	[para justy vermek]
gorjeta (f)	bahşiş	[bahʃiʃ]

50. Refeições

| comida (f) | yemek | [jemek] |
| comer (vt) | yemek | [jemek] |

café (m) da manhã	kahvaltı	[kahvaltı]
tomar café da manhã	kahvaltı yapmak	[kahvaltı japmak]
almoço (m)	öğle yemeği	[ø:le jemei]
almoçar (vi)	öğle yemeği yemek	[ø:le jemei jemek]
jantar (m)	akşam yemeği	[akʃam jemei]
jantar (vi)	akşam yemeği yemek	[akʃam jemei jemek]

apetite (m)	iştah	[iʃtah]
Bom apetite!	Afiyet olsun!	[afijet olsun]

abrir (~ uma lata, etc.)	açmak	[atʃmak]
derramar (~ líquido)	dökmek	[døkmek]
derramar-se (vr)	dökülmek	[døkylmek]

ferver (vi)	kaynamak	[kajnamak]
ferver (vt)	kaynatmak	[kajnatmak]
fervido (adj)	kaynamış	[kajnamıʃ]
esfriar (vt)	serinletmek	[serinletmek]
esfriar-se (vr)	serinleşmek	[serinleʃmek]

sabor, gosto (m)	tat	[tat]
fim (m) de boca	ağızda kalan tat	[aızda kalan tat]

emagrecer (vi)	zayıflamak	[zajıflamak]
dieta (f)	rejim, diyet	[reʒim], [dijet]
vitamina (f)	vitamin	[vitamin]
caloria (f)	kalori	[kalori]
vegetariano (m)	vejetaryen kimse	[vedʒetarien kimse]
vegetariano (adj)	vejetaryen	[vedʒetarien]

gorduras (f pl)	yağlar	[jaalar]
proteínas (f pl)	proteinler	[proteinler]
carboidratos (m pl)	karbonhidratlar	[karbonhidratlar]
fatia (~ de limão, etc.)	dilim	[dilim]
pedaço (~ de bolo)	parça	[partʃa]
migalha (f), farelo (m)	kırıntı	[kırıntı]

51. Pratos cozinhados

prato (m)	yemek	[jemek]
cozinha (~ portuguesa)	mutfak	[mutfak]
receita (f)	yemek tarifi	[jemek tarifı]
porção (f)	porsiyon	[porsijon]

salada (f)	salata	[salata]
sopa (f)	çorba	[tʃorba]

caldo (m)	et suyu	[et suju]
sanduíche (m)	sandviç	[sandvitʃ]
ovos (m pl) fritos	sahanda yumurta	[sahanda jumurta]

hambúrguer (m)	hamburger	[hamburger]
bife (m)	biftek	[biftek]
acompanhamento (m)	garnitür	[garnityr]

espaguete (m)	spagetti	[spagetti]
purê (m) de batata	patates püresi	[patates pyresi]
pizza (f)	pizza	[pizza]
mingau (m)	lâpa	[lapa]
omelete (f)	omlet	[omlet]

fervido (adj)	pişmiş	[piʃmiʃ]
defumado (adj)	tütsülenmiş, füme	[tytsylenmiʃ], [fyme]
frito (adj)	kızartılmış	[kızartılmıʃ]
seco (adj)	kuru	[kuru]
congelado (adj)	dondurulmuş	[dondurulmuʃ]
em conserva (adj)	turşu	[turʃu]

doce (adj)	tatlı	[tatlı]
salgado (adj)	tuzlu	[tuzlu]
frio (adj)	soğuk	[souk]
quente (adj)	sıcak	[sıdʒak]
amargo (adj)	acı	[adʒı]
gostoso (adj)	tatlı, lezzetli	[tatlı], [lezzetlı]

cozinhar em água fervente	kaynatmak	[kajnatmak]
preparar (vt)	pişirmek	[piʃirmek]
fritar (vt)	kızartmak	[kızartmak]
aquecer (vt)	ısıtmak	[ısıtmak]

salgar (vt)	tuzlamak	[tuzlamak]
apimentar (vt)	biberlemek	[biberlemek]
ralar (vt)	rendelemek	[rendelemek]
casca (f)	kabuk	[kabuk]
descascar (vt)	soymak	[sojmak]

52. Comida

carne (f)	et	[et]
galinha (f)	tavuk eti	[tavuk eti]
frango (m)	civciv	[dʒiv dʒiv]
pato (m)	ördek	[ørdek]
ganso (m)	kaz	[kaz]
caça (f)	av hayvanları	[av hajvanları]
peru (m)	hindi	[hindi]

carne (f) de porco	domuz eti	[domuz eti]
carne (f) de vitela	dana eti	[dana eti]
carne (f) de carneiro	koyun eti	[kojun eti]
carne (f) de vaca	sığır eti	[sı:ır eti]
carne (f) de coelho	tavşan eti	[tavʃan eti]

linguiça (f), salsichão (m)	sucuk, sosis	[sudʒuk], [sosis]
salsicha (f)	sosis	[sosis]
bacon (m)	domuz pastırması	[domuz pastırması]
presunto (m)	jambon	[ʒambon]
pernil (m) de porco	tütsülenmiş jambon	[tytsylenmiʃ ʒambon]
patê (m)	ezme	[ezme]
fígado (m)	karaciğer	[karadʒier]

| guisado (m) | kıyma | [kıjma] |
| língua (f) | dil | [dil] |

ovo (m)	yumurta	[jumurta]
ovos (m pl)	yumurtalar	[jumurtalar]
clara (f) de ovo	yumurta akı	[jumurta akı]
gema (f) de ovo	yumurta sarısı	[jumurta sarısı]

peixe (m)	balık	[balık]
mariscos (m pl)	deniz ürünleri	[deniz yrynleri]
caviar (m)	havyar	[havjar]

caranguejo (m)	yengeç	[jengetʃ]
camarão (m)	karides	[karides]
ostra (f)	istiridye	[istiridje]
lagosta (f)	langust	[langust]
polvo (m)	ahtapot	[ahtapot]
lula (f)	kalamar	[kalamar]

esturjão (m)	mersin balığı	[mersin balı:ı]
salmão (m)	som balığı	[som balı:ı]
halibute (m)	pisi balığı	[pisi balı:ı]

bacalhau (m)	morina balığı	[morina balı:ı]
cavala, sarda (f)	uskumru	[uskumru]
atum (m)	ton balığı	[ton balı:ı]
enguia (f)	yılan balığı	[jılan balı:ı]

truta (f)	alabalık	[alabalık]
sardinha (f)	sardalye	[sardalje]
lúcio (m)	turna balığı	[turna balı:ı]
arenque (m)	ringa	[ringa]

pão (m)	ekmek	[ekmek]
queijo (m)	peynir	[pejnir]
açúcar (m)	şeker	[ʃeker]
sal (m)	tuz	[tuz]

arroz (m)	pirinç	[pirintʃ]
massas (f pl)	makarna	[makarna]
talharim, miojo (m)	erişte	[eriʃte]

manteiga (f)	tereyağı	[terejaı]
óleo (m) vegetal	bitkisel yağ	[bitkisel jaa]
óleo (m) de girassol	ayçiçeği yağı	[ajtʃitʃeı jaı]
margarina (f)	margarin	[margarin]

| azeitonas (f pl) | zeytin | [zejtin] |
| azeite (m) | zeytin yağı | [zejtin jaı] |

leite (m)	süt	[syt]
leite (m) condensado	yoğunlaştırılmış süt	[jounlaʃtırılmıʃ syt]
iogurte (m)	yoğurt	[jourt]
creme (m) azedo	ekşi krema	[ekʃi krema]
creme (m) de leite	süt kaymağı	[syt kajmaı]
maionese (f)	mayonez	[majonez]

creme (m)	krema	[krema]
grãos (m pl) de cereais	tane	[tane]
farinha (f)	un	[un]
enlatados (m pl)	konserve	[konserve]

flocos (m pl) de milho	mısır gevreği	[mısır gevrei]
mel (m)	bal	[bal]
geleia (m)	reçel, marmelat	[retʃel], [marmelat]
chiclete (m)	sakız, çiklet	[sakız], [tʃiklet]

53. Bebidas

água (f)	su	[su]
água (f) potável	içme suyu	[itʃme suju]
água (f) mineral	maden suyu	[maden suju]

sem gás (adj)	gazsız	[gazsız]
gaseificada (adj)	gazlı	[gazlı]
com gás	maden	[maden]
gelo (m)	buz	[buz]
com gelo	buzlu	[buzlu]

não alcoólico (adj)	alkolsüz	[alkolsyz]
refrigerante (m)	alkolsüz içki	[alkolsyz itʃki]
refresco (m)	soğuk meşrubat	[souk meʃrubat]
limonada (f)	limonata	[limonata]

bebidas (f pl) alcoólicas	alkollü içkiler	[alkolly itʃkiler]
vinho (m)	şarap	[ʃarap]
vinho (m) branco	beyaz şarap	[bejaz ʃarap]
vinho (m) tinto	kırmızı şarap	[kırmızı ʃarap]

licor (m)	likör	[likør]
champanhe (m)	şampanya	[ʃampanja]
vermute (m)	vermut	[vermut]

uísque (m)	viski	[viski]
vodca (f)	votka	[votka]
gim (m)	cin	[dʒin]
conhaque (m)	konyak	[konjak]
rum (m)	rom	[rom]

café (m)	kahve	[kahve]
café (m) preto	siyah kahve	[sijah kahve]
café (m) com leite	sütlü kahve	[sytly kahve]
cappuccino (m)	kaymaklı kahve	[kajmaklı kahve]
café (m) solúvel	hazır kahve	[hazır kahve]

leite (m)	süt	[syt]
coquetel (m)	kokteyl	[koktejl]
batida (f), milkshake (m)	sütlü kokteyl	[sytly koktejl]

suco (m)	meyve suyu	[mejve suju]
suco (m) de tomate	domates suyu	[domates suju]

| suco (m) de laranja | portakal suyu | [portakal suju] |
| suco (m) fresco | taze meyve suyu | [taze mejve suju] |

cerveja (f)	bira	[bira]
cerveja (f) clara	hafif bira	[hafif bira]
cerveja (f) preta	siyah bira	[sijah bira]

chá (m)	çay	[ʧaj]
chá (m) preto	siyah çay	[sijah ʧaj]
chá (m) verde	yeşil çay	[jeʃil ʧaj]

54. Vegetais

| vegetais (m pl) | sebze | [sebze] |
| verdura (f) | yeşillik | [jeʃilik] |

tomate (m)	domates	[domates]
pepino (m)	salatalık	[salatalık]
cenoura (f)	havuç	[havuʧ]
batata (f)	patates	[patates]
cebola (f)	soğan	[soan]
alho (m)	sarımsak	[sarımsak]

couve (f)	lahana	[lahana]
couve-flor (f)	karnabahar	[karnabahar]
couve-de-bruxelas (f)	Brüksel lâhanası	[bryksel lahanası]
brócolis (m pl)	brokoli	[brokoli]
beterraba (f)	pancar	[panʤar]
berinjela (f)	patlıcan	[patlıʤan]
abobrinha (f)	sakız kabağı	[sakız kabaı]
abóbora (f)	kabak	[kabak]
nabo (m)	şalgam	[ʃalgam]

salsa (f)	maydanoz	[majdanoz]
endro, aneto (m)	dereotu	[dereotu]
alface (f)	yeşil salata	[jeʃil salata]
aipo (m)	kereviz	[kereviz]
aspargo (m)	kuşkonmaz	[kuʃkonmaz]
espinafre (m)	ıspanak	[ıspanak]
ervilha (f)	bezelye	[bezelje]
feijão (~ soja, etc.)	bakla	[bakla]
milho (m)	mısır	[mısır]
feijão (m) roxo	fasulye	[fasulje]

pimentão (m)	dolma biber	[dolma biber]
rabanete (m)	turp	[turp]
alcachofra (f)	enginar	[enginar]

55. Frutos. Nozes

| fruta (f) | meyve | [mejve] |
| maçã (f) | elma | [elma] |

pera (f)	armut	[armut]
limão (m)	limon	[limon]
laranja (f)	portakal	[portakal]
morango (m)	çilek	[tʃilek]

tangerina (f)	mandalina	[mandalina]
ameixa (f)	erik	[erik]
pêssego (m)	şeftali	[ʃeftali]
damasco (m)	kayısı	[kajısı]
framboesa (f)	ahududu	[ahududu]
abacaxi (m)	ananas	[ananas]

banana (f)	muz	[muz]
melancia (f)	karpuz	[karpuz]
uva (f)	üzüm	[yzym]
ginja (f)	vişne	[viʃne]
cereja (f)	kiraz	[kiraz]
melão (m)	kavun	[kavun]

toranja (f)	greypfrut	[grejpfrut]
abacate (m)	avokado	[avokado]
mamão (m)	papaya	[papaja]
manga (f)	mango	[mango]
romã (f)	nar	[nar]

groselha (f) vermelha	kırmızı frenk üzümü	[kırmızı frenk yzymy]
groselha (f) negra	siyah frenk üzümü	[sijah frenk yzymy]
groselha (f) espinhosa	bektaşı üzümü	[bektaʃı yzymy]
mirtilo (m)	yaban mersini	[jaban mersini]
amora (f) silvestre	böğürtlen	[bøjurtlen]

passa (f)	kuru üzüm	[kuru yzym]
figo (m)	incir	[indʒir]
tâmara (f)	hurma	[hurma]

amendoim (m)	yerfıstığı	[jerfıstı:ı]
amêndoa (f)	badem	[badem]
noz (f)	ceviz	[dʒeviz]
avelã (f)	fındık	[fındık]
coco (m)	Hindistan cevizi	[hindistan dʒevizi]
pistaches (m pl)	çam fıstığı	[tʃam fıstı:ı]

56. Pão. Bolaria

pastelaria (f)	şekerleme	[ʃekerleme]
pão (m)	ekmek	[ekmek]
biscoito (m), bolacha (f)	bisküvi	[biskyvi]

chocolate (m)	çikolata	[tʃikolata]
de chocolate	çikolatalı	[tʃikolatalı]
bala (f)	şeker	[ʃeker]
doce (bolo pequeno)	ufak kek	[ufak kek]
bolo (m) de aniversário	kek, pasta	[kek], [pasta]
torta (f)	börek	[børek]

recheio (m)	iç	[itʃ]
geleia (m)	reçel	[retʃel]
marmelada (f)	marmelat	[marmelat]
wafers (m pl)	gofret	[gofret]
sorvete (m)	dondurma	[dondurma]

57. Especiarias

sal (m)	tuz	[tuz]
salgado (adj)	tuzlu	[tuzlu]
salgar (vt)	tuzlamak	[tuzlamak]

pimenta-do-reino (f)	siyah biber	[sijah biber]
pimenta (f) vermelha	kırmızı biber	[kırmızı biber]
mostarda (f)	hardal	[hardal]
raiz-forte (f)	bayırturpu	[bajırturpu]

condimento (m)	çeşni	[tʃeʃni]
especiaria (f)	baharat	[baharat]
molho (~ inglês)	salça, sos	[saltʃa], [sos]
vinagre (m)	sirke	[sirke]

anis estrelado (m)	anason	[anason]
manjericão (m)	fesleğen	[fesleen]
cravo (m)	karanfil	[karanfil]
gengibre (m)	zencefil	[zendʒefil]
coentro (m)	kişniş	[kiʃniʃ]
canela (f)	tarçın	[tartʃın]

gergelim (m)	susam	[susam]
folha (f) de louro	defne yaprağı	[defne japraı]
páprica (f)	kırmızı biber	[kırmızı biber]
cominho (m)	çörek otu	[tʃørek otu]
açafrão (m)	safran	[safran]

INFORMAÇÃO PESSOAL. FAMÍLIA

58. Informação pessoal. Formulários

nome (m)	ad, isim	[ad], [isim]
sobrenome (m)	soyadı	[sojadı]
data (f) de nascimento	doğum tarihi	[doum tarihi]
local (m) de nascimento	doğum yeri	[doum jeri]
nacionalidade (f)	milliyet	[millijet]
lugar (m) de residência	ikamet yeri	[ikamet jeri]
país (m)	ülke	[ylke]
profissão (f)	meslek	[meslek]
sexo (m)	cinsiyet	[dʒinsijet]
estatura (f)	boy	[boj]
peso (m)	ağırlık	[aırlık]

59. Membros da família. Parentes

mãe (f)	anne	[anne]
pai (m)	baba	[baba]
filho (m)	oğul	[øːul]
filha (f)	kız	[kız]
caçula (f)	küçük kız	[kytʃuk kız]
caçula (m)	küçük oğul	[kytʃuk oul]
filha (f) mais velha	büyük kız	[byjuk kız]
filho (m) mais velho	büyük oğul	[byjuk oul]
irmão (m)	kardeş	[kardeʃ]
irmão (m) mais velho	ağabey, büyük kardeş	[aabej], [byjuk kardeʃ]
irmão (m) mais novo	küçük kardeş	[kytʃuk kardeʃ]
irmã (f)	kardeş, bacı	[kardeʃ], [badʒı]
irmã (f) mais velha	abla, büyük bacı	[abla], [byjuk badʒı]
irmã (f) mais nova	kız kardeş	[kız kardeʃ]
primo (m)	erkek kuzen	[erkek kuzen]
prima (f)	kız kuzen	[kız kuzen]
mamãe (f)	anne	[anne]
papai (m)	baba	[baba]
pais (pl)	ana baba	[ana baba]
criança (f)	çocuk	[tʃodʒuk]
crianças (f pl)	çocuklar	[tʃodʒuklar]
avó (f)	büyük anne	[byjuk anne]
avô (m)	büyük baba	[byjuk baba]
neto (m)	erkek torun	[erkek torun]

| neta (f) | kız torun | [kız torun] |
| netos (pl) | torunlar | [torunlar] |

tio (m)	amca, dayı	[amdʒa], [dajı]
tia (f)	teyze, hala	[tejze], [hala]
sobrinho (m)	erkek yeğen	[erkek jeen]
sobrinha (f)	kız yeğen	[kız jeen]

sogra (f)	kaynana	[kajnana]
sogro (m)	kaynata	[kajnata]
genro (m)	güvey	[gyvej]
madrasta (f)	üvey anne	[yvej anne]
padrasto (m)	üvey baba	[yvej baba]

criança (f) de colo	süt çocuğu	[syt tʃodʒuu]
bebê (m)	bebek	[bebek]
menino (m)	erkek çocuk	[erkek tʃodʒuk]

mulher (f)	hanım, eş	[hanım], [eʃ]
marido (m)	eş, koca	[eʃ], [kodʒa]
esposo (m)	koca	[kodʒa]
esposa (f)	karı	[karı]

casado (adj)	evli	[evli]
casada (adj)	evli	[evli]
solteiro (adj)	bekâr	[bekjar]
solteirão (m)	bekâr	[bekjar]
divorciado (adj)	boşanmış	[boʃanmıʃ]
viúva (f)	dul kadın	[dul kadın]
viúvo (m)	dul erkek	[dul erkek]

parente (m)	akraba	[akraba]
parente (m) próximo	yakın akraba	[jakın akraba]
parente (m) distante	uzak akraba	[uzak akraba]
parentes (m pl)	akrabalar	[akrabalar]

órfão (m), órfã (f)	yetim	[jetim]
tutor (m)	vasi	[vasi]
adotar (um filho)	evlatlık almak	[evlatlık almak]
adotar (uma filha)	evlatlık almak	[evlatlık almak]

60. Amigos. Colegas de trabalho

amigo (m)	dost, arkadaş	[dost], [arkadaʃ]
amiga (f)	kız arkadaş	[kız arkadaʃ]
amizade (f)	dostluk	[dostluk]
ser amigos	arkadaş olmak	[arkadaʃ olmak]

amigo (m)	arkadaş	[arkadaʃ]
amiga (f)	kız arkadaş	[kız arkadaʃ]
parceiro (m)	ortak	[ortak]

| chefe (m) | şef | [ʃef] |
| superior (m) | amir | [amir] |

subordinado (m)	**ast**	[ast]
colega (m, f)	**meslektaş**	[meslektaʃ]
conhecido (m)	**tanıdık**	[tanıdık]
companheiro (m) de viagem	**yol arkadaşı**	[jol arkadaʃı]
colega (m) de classe	**sınıf arkadaşı**	[sınıf arkadaʃı]
vizinho (m)	**komşu**	[komʃu]
vizinha (f)	**komşu**	[komʃu]
vizinhos (pl)	**komşular**	[komʃular]

CORPO HUMANO. MEDICINA

61. Cabeça

cabeça (f)	baş	[baʃ]
rosto, cara (f)	yüz	[juz]
nariz (m)	burun	[burun]
boca (f)	ağız	[aɪz]
olho (m)	göz	[gøz]
olhos (m pl)	gözler	[gøzler]
pupila (f)	göz bebeği	[gøz bebeɪ]
sobrancelha (f)	kaş	[kaʃ]
cílio (f)	kirpik	[kirpik]
pálpebra (f)	göz kapağı	[gøz kapaɪ]
língua (f)	dil	[dil]
dente (m)	diş	[diʃ]
lábios (m pl)	dudaklar	[dudaklar]
maçãs (f pl) do rosto	elmacık kemiği	[elmadʒɪk kemi:i]
gengiva (f)	dişeti	[diʃeti]
palato (m)	damak	[damak]
narinas (f pl)	burun deliği	[burun deli:i]
queixo (m)	çene	[tʃene]
mandíbula (f)	çene	[tʃene]
bochecha (f)	yanak	[janak]
testa (f)	alın	[alın]
têmpora (f)	şakak	[ʃakak]
orelha (f)	kulak	[kulak]
costas (f pl) da cabeça	ense	[ense]
pescoço (m)	boyun	[bojun]
garganta (f)	boğaz	[boaz]
cabelo (m)	saçlar	[satʃlar]
penteado (m)	saç	[satʃ]
corte (m) de cabelo	saç biçimi	[satʃ bitʃimi]
peruca (f)	peruk	[peryk]
bigode (m)	bıyık	[bɪjɪk]
barba (f)	sakal	[sakal]
ter (~ barba, etc.)	uzatmak, bırakmak	[uzatmak], [bırakmak]
trança (f)	saç örgüsü	[satʃ ørgysy]
suíças (f pl)	favori	[favori]
ruivo (adj)	kızıl saçlı	[kızıl satʃlı]
grisalho (adj)	kır	[kır]
careca (adj)	kel	[kel]
calva (f)	dazlak yer	[dazlak jer]

| rabo-de-cavalo (m) | kuyruk | [kujruk] |
| franja (f) | kakül | [kakyl] |

62. Corpo humano

| mão (f) | el | [el] |
| braço (m) | kol | [kol] |

dedo (m)	parmak	[parmak]
dedo (m) do pé	ayak parmağı	[ajak parmaı]
polegar (m)	başparmak	[baʃ parmak]
dedo (m) mindinho	küçük parmak	[kytʃuk parmak]
unha (f)	tırnak	[tırnak]

punho (m)	yumruk	[jumruk]
palma (f)	avuç	[avutʃ]
pulso (m)	bilek	[bilek]
antebraço (m)	önkol	[ønkol]
cotovelo (m)	dirsek	[dirsek]
ombro (m)	omuz	[omuz]

perna (f)	bacak	[badʒak]
pé (m)	ayak	[ajak]
joelho (m)	diz	[diz]
panturrilha (f)	baldır	[baldır]
quadril (m)	kalça	[kaltʃa]
calcanhar (m)	topuk	[topuk]

corpo (m)	vücut	[vydʒut]
barriga (f), ventre (m)	karın	[karın]
peito (m)	göğüs	[gøjus]
seio (m)	göğüs	[gøjus]
lado (m)	yan	[jan]
costas (dorso)	sırt	[sırt]
região (f) lombar	alt bel	[alt bel]
cintura (f)	bel	[bel]

umbigo (m)	göbek	[gøbek]
nádegas (f pl)	kaba et	[kaba et]
traseiro (m)	kıç	[kıtʃ]

sinal (m), pinta (f)	ben	[ben]
sinal (m) de nascença	doğum lekesi	[doum lekesi]
tatuagem (f)	dövme	[døvme]
cicatriz (f)	yara izi	[jara izi]

63. Doenças

doença (f)	hastalık	[hastalık]
estar doente	hasta olmak	[hasta olmak]
saúde (f)	sağlık	[saalık]
nariz (m) escorrendo	nezle	[nezle]

amigdalite (f)	anjin	[anʒin]
resfriado (m)	soğuk algınlığı	[souk algınlı:ı]
ficar resfriado	soğuk almak	[souk almak]
bronquite (f)	bronşit	[bronʃit]
pneumonia (f)	zatürree	[zatyrree]
gripe (f)	grip	[grip]
míope (adj)	miyop	[mijop]
presbita (adj)	hipermetrop	[hipermetrop]
estrabismo (m)	şaşılık	[ʃaʃılık]
estrábico, vesgo (adj)	şaşı	[ʃaʃı]
catarata (f)	katarakt	[katarakt]
glaucoma (m)	glokoma	[glokoma]
AVC (m), apoplexia (f)	felç	[feltʃ]
ataque (m) cardíaco	enfarktüs	[enfarktys]
enfarte (m) do miocárdio	kalp krizi	[kalp krizi]
paralisia (f)	felç	[feltʃ]
paralisar (vt)	felç olmak	[feltʃ olmak]
alergia (f)	alerji	[alerʒi]
asma (f)	astım	[astım]
diabetes (f)	diyabet	[diabet]
dor (f) de dente	diş ağrısı	[diʃ aarısı]
cárie (f)	diş çürümesi	[diʃ tʃurymesi]
diarreia (f)	ishal	[ishal]
prisão (f) de ventre	kabız	[kabız]
desarranjo (m) intestinal	mide bozukluğu	[mide bozukluu]
intoxicação (f) alimentar	zehirlenme	[zehirlenme]
intoxicar-se	zehirlenmek	[zehirlenmek]
artrite (f)	artrit, arterit	[artrit]
raquitismo (m)	raşitizm	[raʃitizm]
reumatismo (m)	romatizma	[romatizma]
arteriosclerose (f)	damar sertliği	[damar sertli:i]
gastrite (f)	gastrit	[gastrit]
apendicite (f)	apandisit	[apandisit]
colecistite (f)	kolesistit	[kolesistit]
úlcera (f)	ülser	[ylser]
sarampo (m)	kızamık	[kızamık]
rubéola (f)	kızamıkçık	[kızamıktʃik]
icterícia (f)	sarılık	[sarılık]
hepatite (f)	hepatit	[hepatit]
esquizofrenia (f)	şizofreni	[ʃizofreni]
raiva (f)	kuduz hastalığı	[kuduz hastalı:ı]
neurose (f)	nevroz	[nevroz]
contusão (f) cerebral	beyin kanaması	[bejin kanaması]
câncer (m)	kanser	[kanser]
esclerose (f)	skleroz	[skleroz]

esclerose (f) múltipla	multipl skleroz	[multipl skleroz]
alcoolismo (m)	alkoliklik	[alkoliklik]
alcoólico (m)	alkolik	[alkolik]
sífilis (f)	frengi	[frengi]
AIDS (f)	AİDS	[eids]

tumor (m)	tümör, ur	[tymør], [jur]
maligno (adj)	kötü huylu	[køty hujlu]
benigno (adj)	iyi huylu	[iji hujlu]

febre (f)	sıtma	[sıtma]
malária (f)	malarya	[malarja]
gangrena (f)	kangren	[kangren]
enjoo (m)	deniz tutması	[deniz tutması]
epilepsia (f)	epilepsi	[epilepsi]

epidemia (f)	salgın	[salgın]
tifo (m)	tifüs	[tifys]
tuberculose (f)	verem	[verem]
cólera (f)	kolera	[kolera]
peste (f) bubônica	veba	[veba]

64. Sintomas. Tratamentos. Parte 1

sintoma (m)	belirti	[belirti]
temperatura (f)	ateş	[ateʃ]
febre (f)	yüksek ateş	[juksek ateʃ]
pulso (m)	nabız	[nabız]

vertigem (f)	baş dönmesi	[baʃ dønmesi]
quente (testa, etc.)	ateşli	[ateʃli]
calafrio (m)	üşüme	[yʃyme]
pálido (adj)	solgun	[solgun]

tosse (f)	öksürük	[øksyryk]
tossir (vi)	öksürmek	[øksyrmek]
espirrar (vi)	hapşırmak	[hapʃırmak]
desmaio (m)	baygınlık	[bajgınlık]
desmaiar (vi)	bayılmak	[bajılmak]

mancha (f) preta	çürük	[tʃuryk]
galo (m)	şişlik	[ʃiʃlik]
machucar-se (vr)	çarpmak	[tʃarpmak]
contusão (f)	yara	[jara]
machucar-se (vr)	yaralamak	[jaralamak]

mancar (vi)	topallamak	[topallamak]
deslocamento (f)	çıkık	[tʃıkık]
deslocar (vt)	çıkmak	[tʃıkmak]
fratura (f)	kırık, fraktür	[kırık], [fraktyr]
fraturar (vt)	kırılmak	[kırılmak]

| corte (m) | kesik | [kesik] |
| cortar-se (vr) | bir yerini kesmek | [bir jerini kesmek] |

hemorragia (f)	kanama	[kanama]
queimadura (f)	yanık	[janık]
queimar-se (vr)	yanmak	[janmak]

picar (vt)	batırmak	[batırmak]
picar-se (vr)	batırmak	[batırmak]
lesionar (vt)	yaralamak	[jaralamak]
lesão (m)	yara, zarar	[jara], [zarar]
ferida (f), ferimento (m)	yara	[jara]
trauma (m)	sarsıntı	[sarsıntı]

delirar (vi)	sayıklamak	[sajıklamak]
gaguejar (vi)	kekelemek	[kekelemek]
insolação (f)	güneş çarpması	[gyneʃ tʃarpması]

65. Sintomas. Tratamentos. Parte 2

| dor (f) | acı | [adʒı] |
| farpa (no dedo, etc.) | kıymık | [kıjmık] |

suor (m)	ter	[ter]
suar (vi)	terlemek	[terlemek]
vômito (m)	kusma	[kusma]
convulsões (f pl)	kramp	[kramp]

grávida (adj)	hamile	[hamile]
nascer (vi)	doğmak	[doomak]
parto (m)	doğum	[doum]
dar à luz	doğurmak	[dourmak]
aborto (m)	çocuk düşürme	[tʃodʒuk dyʃyrme]

respiração (f)	respirasyon	[respirasjon]
inspiração (f)	soluk alma	[soluk alma]
expiração (f)	soluk verme	[soluk verme]
expirar (vi)	soluk vermek	[soluk vermek]
inspirar (vi)	bir soluk almak	[bir soluk almak]

inválido (m)	malul	[malyl]
aleijado (m)	sakat	[sakat]
drogado (m)	uyuşturucu bağımlısı	[ujuʃturudʒu baımlısı]

surdo (adj)	sağır	[saır]
mudo (adj)	dilsiz	[dilsiz]
surdo-mudo (adj)	sağır ve dilsiz	[saır ve dilsiz]

louco, insano (adj)	deli	[deli]
louco (m)	deli adam	[deli adam]
louca (f)	deli kadın	[deli kadın]
ficar louco	çıldırmak	[tʃıldırmak]

gene (m)	gen	[gen]
imunidade (f)	bağışıklık	[baıʃıklık]
hereditário (adj)	irsi, kalıtsal	[irsi], [kalıtsal]
congênito (adj)	doğuştan	[douʃtan]

vírus (m)	virüs	[virys]
micróbio (m)	mikrop	[mikrop]
bactéria (f)	bakteri	[bakteri]
infecção (f)	enfeksiyon	[enfeksijon]

66. Sintomas. Tratamentos. Parte 3

hospital (m)	hastane	[hastane]
paciente (m)	hasta	[hasta]
diagnóstico (m)	teşhis	[teʃhis]
cura (f)	çare	[tʃare]
tratamento (m) médico	tedavi	[tedavi]
curar-se (vr)	tedavi görmek	[tedavi gørmek]
tratar (vt)	tedavi etmek	[tedavi etmek]
cuidar (pessoa)	hastaya bakmak	[hastaja bakmak]
cuidado (m)	hasta bakımı	[hasta bakımı]
operação (f)	ameliyat	[amelijat]
enfaixar (vt)	pansuman yapmak	[pansuman japmak]
enfaixamento (m)	pansuman	[pansuman]
vacinação (f)	aşılama	[aʃılama]
vacinar (vt)	aşı yapmak	[aʃı japmak]
injeção (f)	iğne	[i:ine]
dar uma injeção	iğne yapmak	[i:ine japmak]
ataque (~ de asma, etc.)	atak	[atak]
amputação (f)	ampütasyon	[ampytasjon]
amputar (vt)	ameliyatla almak	[amelijatla almak]
coma (f)	koma	[koma]
estar em coma	komada olmak	[komada olmak]
reanimação (f)	yoğun bakım	[joun bakım]
recuperar-se (vr)	iyileşmek	[ijileʃmek]
estado (~ de saúde)	durum	[durum]
consciência (perder a ~)	bilinç	[bilintʃ]
memória (f)	hafıza	[hafıza]
tirar (vt)	çekmek	[tʃekmek]
obturação (f)	dolgu	[dolgu]
obturar (vt)	dolgu yapmak	[dolgu japmak]
hipnose (f)	hipnoz	[hipnoz]
hipnotizar (vt)	hipnotize etmek	[hipnotize etmek]

67. Medicina. Drogas. Acessórios

medicamento (m)	ilaç	[ilatʃ]
remédio (m)	deva	[deva]
receitar (vt)	yazmak	[jazmak]
receita (f)	reçete	[retʃete]

comprimido (m)	**hap**	[hap]
unguento (m)	**merhem**	[merhem]
ampola (f)	**ampul**	[ampul]
solução, preparado (m)	**solüsyon**	[solysjon]
xarope (m)	**şurup**	[ʃurup]
cápsula (f)	**kapsül**	[kapsyl]
pó (m)	**toz**	[toz]
atadura (f)	**bandaj**	[bandaʒ]
algodão (m)	**pamuk**	[pamuk]
iodo (m)	**iyot**	[ijot]
curativo (m) adesivo	**yara bandı**	[jara bandı]
conta-gotas (m)	**damlalık**	[damlalık]
termômetro (m)	**derece**	[deredʒe]
seringa (f)	**şırınga**	[ʃiringa]
cadeira (f) de rodas	**tekerlekli sandalye**	[tekerlekli sandalje]
muletas (f pl)	**koltuk değneği**	[koltuk deenei]
analgésico (m)	**anestetik**	[anestetik]
laxante (m)	**müshil**	[myshil]
álcool (m)	**ispirto**	[ispirto]
ervas (f pl) medicinais	**şifalı bitkiler**	[ʃifalı bitkiler]
de ervas (chá ~)	**bitkisel**	[bitkisel]

APARTAMENTO

68. Apartamento

apartamento (m)	daire	[daire]
quarto, cômodo (m)	oda	[oda]
quarto (m) de dormir	yatak odası	[jatak odası]
sala (f) de jantar	yemek odası	[jemek odası]
sala (f) de estar	misafir odası	[misafir odası]
escritório (m)	çalışma odası	[ʧalıʃma odası]
sala (f) de entrada	antre	[antre]
banheiro (m)	banyo odası	[banjo odası]
lavabo (m)	tuvalet	[tuvalet]
teto (m)	tavan	[tavan]
chão, piso (m)	taban, yer	[taban], [jer]
canto (m)	köşesi	[køʃesi]

69. Mobiliário. Interior

mobiliário (m)	mobilya	[mobilja]
mesa (f)	masa	[masa]
cadeira (f)	sandalye	[sandalje]
cama (f)	yatak	[jatak]
sofá, divã (m)	kanape	[kanape]
poltrona (f)	koltuk	[koltuk]
estante (f)	kitaplık	[kitaplık]
prateleira (f)	kitap rafı	[kitap rafı]
guarda-roupas (m)	elbise dolabı	[elbise dolabı]
cabide (m) de parede	duvar askısı	[duvar askısı]
cabideiro (m) de pé	portmanto	[portmanto]
cômoda (f)	komot	[komot]
mesinha (f) de centro	sehpa	[sehpa]
espelho (m)	ayna	[ajna]
tapete (m)	halı	[halı]
tapete (m) pequeno	kilim	[kilim]
lareira (f)	şömine	[ʃømine]
vela (f)	mum	[mum]
castiçal (m)	mumluk	[mumluk]
cortinas (f pl)	perdeler	[perdler]
papel (m) de parede	duvar kağıdı	[duvar kaıdı]

persianas (f pl)	jaluzi	[ʒalyzi]
luminária (f) de mesa	masa lambası	[masa lambası]
luminária (f) de parede	lamba	[lamba]
abajur (m) de pé	ayaklı lamba	[ajaklı lamba]
lustre (m)	avize	[avize]

pé (de mesa, etc.)	ayak	[ajak]
braço, descanso (m)	kol	[kol]
costas (f pl)	arkalık	[arkalık]
gaveta (f)	çekmece	[ʧekmeʤe]

70. Quarto de dormir

roupa (f) de cama	çamaşır	[ʧamaʃır]
travesseiro (m)	yastık	[jastık]
fronha (f)	yastık kılıfı	[jastık kılıfı]
cobertor (m)	battaniye	[battanije]
lençol (m)	çarşaf	[ʧarʃaf]
colcha (f)	örtü	[ørty]

71. Cozinha

cozinha (f)	mutfak	[mutfak]
gás (m)	gaz	[gaz]
fogão (m) a gás	gaz sobası	[gaz sobası]
fogão (m) elétrico	elektrik ocağı	[elektrik oʤaı]
forno (m)	fırın	[fırın]
forno (m) de micro-ondas	mikrodalga fırın	[mikrodalga fırın]

geladeira (f)	buzdolabı	[buzdolabı]
congelador (m)	derin dondurucu	[derin donduruʤu]
máquina (f) de lavar louça	bulaşık makinesi	[bulaʃık makinesi]

moedor (m) de carne	kıyma makinesi	[kıjma makinesi]
espremedor (m)	meyve sıkacağı	[mejve sıkaʤaı]
torradeira (f)	tost makinesi	[tost makinesi]
batedeira (f)	mikser	[mikser]

máquina (f) de café	kahve makinesi	[kahve makinesi]
cafeteira (f)	cezve	[ʤezve]
moedor (m) de café	kahve değirmeni	[kahve deirmeni]

chaleira (f)	çaydanlık	[ʧajdanlık]
bule (m)	demlik	[demlik]
tampa (f)	kapak	[kapak]
coador (m) de chá	süzgeci	[syzgeʤi]

colher (f)	kaşık	[kaʃık]
colher (f) de chá	çay kaşığı	[ʧaj kaʃı:ı]
colher (f) de sopa	yemek kaşığı	[jemek kaʃı:ı]
garfo (m)	çatal	[ʧatal]
faca (f)	bıçak	[bıʧak]

louça (f)	mutfak gereçleri	[mutfak geretʃleri]
prato (m)	tabak	[tabak]
pires (m)	fincan tabağı	[findʒan tabaı]

cálice (m)	kadeh	[kade]
copo (m)	bardak	[bardak]
xícara (f)	fincan	[findʒan]

açucareiro (m)	şekerlik	[ʃekerlik]
saleiro (m)	tuzluk	[tuzluk]
pimenteiro (m)	biberlik	[biberlik]
manteigueira (f)	tereyağı tabağı	[terejaı tabaı]

panela (f)	tencere	[tendʒere]
frigideira (f)	tava	[tava]
concha (f)	kepçe	[keptʃe]
coador (m)	süzgeç	[syzgetʃ]
bandeja (f)	tepsi	[tepsi]

garrafa (f)	şişe	[ʃiʃe]
pote (m) de vidro	kavanoz	[kavanoz]
lata (~ de cerveja)	teneke	[teneke]

abridor (m) de garrafa	şişe açacağı	[ʃiʃe atʃadʒaı]
abridor (m) de latas	konserve açacağı	[konserve atʃadʒaı]
saca-rolhas (m)	tirbuşon	[tirbyʃon]
filtro (m)	filtre	[filtre]
filtrar (vt)	filtre etmek	[filtre etmek]

| lixo (m) | çöp | [tʃøp] |
| lixeira (f) | çöp kovası | [tʃøp kovası] |

72. Casa de banho

banheiro (m)	banyo odası	[banjo odası]
água (f)	su	[su]
torneira (f)	musluk	[musluk]
água (f) quente	sıcak su	[sıdʒak su]
água (f) fria	soğuk su	[souk su]

pasta (f) de dente	diş macunu	[diʃ madʒunu]
escovar os dentes	dişlerini fırçalamak	[diʃlerini fırtʃalamak]
escova (f) de dente	diş fırçası	[diʃ fırtʃası]

barbear-se (vr)	tıraş olmak	[tıraʃ olmak]
espuma (f) de barbear	tıraş köpüğü	[tıraʃ køpyy]
gilete (f)	jilet	[ʒilet]

lavar (vt)	yıkamak	[jıkamak]
tomar banho	yıkanmak	[jıkanmak]
chuveiro (m), ducha (f)	duş	[duʃ]
tomar uma ducha	duş almak	[duʃ almak]
banheira (f)	banyo	[banjo]
vaso (m) sanitário	klozet	[klozet]

pia (f)	küvet	[kyvet]
sabonete (m)	sabun	[sabun]
saboneteira (f)	sabunluk	[sabunluk]

esponja (f)	sünger	[synger]
xampu (m)	şampuan	[ʃampuan]
toalha (f)	havlu	[havlu]
roupão (m) de banho	bornoz	[bornoz]

lavagem (f)	çamaşır yıkama	[tʃamaʃır jıkama]
lavadora (f) de roupas	çamaşır makinesi	[tʃamaʃır makinesi]
lavar a roupa	çamaşırları yıkamak	[tʃamaʃırları jıkamak]
detergente (m)	çamaşır deterjanı	[tʃamaʃir deterʒanı]

73. Eletrodomésticos

televisor (m)	televizyon	[televizjon]
gravador (m)	teyp	[tejp]
videogravador (m)	video	[video]
rádio (m)	radyo	[radjo]
leitor (m)	çalar	[tʃalar]

projetor (m)	projeksiyon makinesi	[proʒeksion makinesi]
cinema (m) em casa	ev sinema	[evj sinema]
DVD Player (m)	DVD oynatıcı	[dividi ojnatıdʒı]
amplificador (m)	amplifikatör	[amplifikatør]
console (f) de jogos	oyun konsolu	[ojun konsolu]

câmera (f) de vídeo	video kamera	[videokamera]
máquina (f) fotográfica	fotoğraf makinesi	[fotoraf makinesi]
câmera (f) digital	dijital fotoğraf makinesi	[diʒital fotoraf makinesi]

aspirador (m)	elektrik süpürgesi	[elektrik sypyrgesi]
ferro (m) de passar	ütü	[yty]
tábua (f) de passar	ütü masası	[yty masası]

telefone (m)	telefon	[telefon]
celular (m)	cep telefonu	[dʒep telefonu]
máquina (f) de escrever	daktilo	[daktilo]
máquina (f) de costura	dikiş makinesi	[dikiʃ makinesi]

microfone (m)	mikrofon	[mikrofon]
fone (m) de ouvido	kulaklık	[kulaklık]
controle remoto (m)	uzaktan kumanda	[uzaktan kumanda]

CD (m)	CD	[sidi]
fita (f) cassete	teyp kaseti	[tejp kaseti]
disco (m) de vinil	vinil plak	[vinil plak]

A TERRA. TEMPO

74. Espaço sideral

espaço, cosmo (m)	uzay, evren	[uzaj], [evren]
espacial, cósmico (adj)	uzay	[uzaj]
espaço (m) cósmico	feza	[feza]
mundo (m)	kainat	[kajnat]
universo (m)	evren	[evren]
galáxia (f)	galaksi	[galaksi]
estrela (f)	yıldız	[jıldız]
constelação (f)	takımyıldız	[takımjıldız]
planeta (m)	gezegen	[gezegen]
satélite (m)	uydu	[ujdu]
meteorito (m)	göktaşı	[gøktaʃı]
cometa (m)	kuyruklu yıldız	[kujruklu jıldız]
asteroide (m)	asteroit	[asteroit]
órbita (f)	yörünge	[jørynge]
girar (vi)	dönmek	[dønmek]
atmosfera (f)	atmosfer	[atmosfer]
Sol (m)	Güneş	[gyneʃ]
Sistema (m) Solar	Güneş sistemi	[gyneʃ sistemi]
eclipse (m) solar	Güneş tutulması	[gyneʃ tutulması]
Terra (f)	Dünya	[dynja]
Lua (f)	Ay	[aj]
Marte (m)	Mars	[mars]
Vênus (f)	Venüs	[venys]
Júpiter (m)	Jüpiter	[ʒupiter]
Saturno (m)	Satürn	[satyrn]
Mercúrio (m)	Merkür	[merkyr]
Urano (m)	Uranüs	[uranys]
Netuno (m)	Neptün	[neptyn]
Plutão (m)	Plüton	[plyton]
Via Láctea (f)	Samanyolu	[samanjolu]
Ursa Maior (f)	Büyükayı	[byjuk ajı]
Estrela Polar (f)	Kutup yıldızı	[kutup jıldızı]
marciano (m)	Merihli	[merihli]
extraterrestre (m)	uzaylı	[uzajlı]
alienígena (m)	uzaylı	[uzajlı]

disco (m) voador	uçan daire	[utʃan daire]
espaçonave (f)	uzay gemisi	[uzaj gemisi]
estação (f) orbital	yörünge istasyonu	[jørynge istasjonu]
lançamento (m)	uzaya fırlatma	[uzaja fırlatma]

motor (m)	motor	[motor]
bocal (m)	roket meme	[roket meme]
combustível (m)	yakıt	[jakıt]

| cabine (f) | kabin | [kabin] |
| antena (f) | anten | [anten] |

vigia (f)	lombar	[lombar]
bateria (f) solar	güneş pili	[gyneʃ pili]
traje (m) espacial	uzay elbisesi	[uzaj elbisesi]

| imponderabilidade (f) | ağırlıksızlık | [aırlıksızlık] |
| oxigênio (m) | oksijen | [oksiʒen] |

| acoplagem (f) | uzayda kenetlenme | [uzajda kenetlenme] |
| fazer uma acoplagem | kenetlenmek | [kenetlenmek] |

| observatório (m) | gözlemevi | [gøzlemevi] |
| telescópio (m) | teleskop | [teleskop] |

| observar (vt) | gözlemlemek | [gøzlemlemek] |
| explorar (vt) | araştırmak | [araʃtırmak] |

75. A Terra

Terra (f)	Dünya	[dynja]
globo terrestre (Terra)	yerküre	[jerkyre]
planeta (m)	gezegen	[gezegen]

atmosfera (f)	atmosfer	[atmosfer]
geografia (f)	coğrafya	[dʒoorafja]
natureza (f)	doğa	[doa]

globo (mapa esférico)	yerküre	[jerkyre]
mapa (m)	harita	[harita]
atlas (m)	atlas	[atlas]

| Europa (f) | Avrupa | [avrupa] |
| Ásia (f) | Asya | [asja] |

| África (f) | Afrika | [afrika] |
| Austrália (f) | Avustralya | [avustralja] |

América (f)	Amerika	[amerika]
América (f) do Norte	Kuzey Amerika	[kuzej amerika]
América (f) do Sul	Güney Amerika	[gynej amerika]

| Antártida (f) | Antarktik | [antarktik] |
| Ártico (m) | Arktik | [arktik] |

76. Pontos cardeais

norte (m)	kuzey	[kuzej]
para norte	kuzeye	[kuzeje]
no norte	kuzeyde	[kuzejde]
do norte (adj)	kuzey	[kuzej]
sul (m)	güney	[gynej]
para sul	güneye	[gyneje]
no sul	güneyde	[gynejde]
do sul (adj)	güney	[gynej]
oeste, ocidente (m)	batı	[batı]
para oeste	batıya	[batıja]
no oeste	batıda	[batıda]
ocidental (adj)	batı	[batı]
leste, oriente (m)	doğu	[dou]
para leste	doğuya	[douja]
no leste	doğuda	[douda]
oriental (adj)	doğu	[dou]

77. Mar. Oceano

mar (m)	deniz	[deniz]
oceano (m)	okyanus	[okjanus]
golfo (m)	körfez	[kørfez]
estreito (m)	boğaz	[boaz]
continente (m)	kıta	[kıta]
ilha (f)	ada	[ada]
península (f)	yarımada	[jarımada]
arquipélago (m)	takımada	[takımada]
baía (f)	koy	[koj]
porto (m)	liman	[liman]
lagoa (f)	deniz kulağı	[deniz kulaı]
cabo (m)	burun	[burun]
atol (m)	atol	[atol]
recife (m)	resif	[resif]
coral (m)	mercan	[merdʒan]
recife (m) de coral	mercan kayalığı	[merdʒan kajalı:ı]
profundo (adj)	derin	[derin]
profundidade (f)	derinlik	[derinlik]
abismo (m)	uçurum	[utʃurum]
fossa (f) oceânica	çukur	[tʃukur]
corrente (f)	akıntı	[akıntı]
banhar (vt)	çevrelemek	[tʃevrelemek]
litoral (m)	kıyı	[kıjı]
costa (f)	kıyı, sahil	[kıjı], [sahil]

maré (f) alta	kabarma	[kabarma]
refluxo (m)	cezir	[dʒezir]
restinga (f)	sığlık	[sɪːlık]
fundo (m)	dip	[dip]

onda (f)	dalga	[dalga]
crista (f) da onda	dağ sırtı	[daa sırtı]
espuma (f)	köpük	[køpyk]

tempestade (f)	fırtına	[fırtına]
furacão (m)	kasırga	[kasırga]
tsunami (m)	tsunami	[tsunami]
calmaria (f)	limanlık	[limanlık]
calmo (adj)	sakin	[sakin]

| polo (m) | kutup | [kutup] |
| polar (adj) | kutuplu | [kutuplu] |

latitude (f)	enlem	[enlem]
longitude (f)	boylam	[bojlam]
paralela (f)	paralel	[paralel]
equador (m)	ekvator	[ekvator]

céu (m)	gök	[gøk]
horizonte (m)	ufuk	[ufuk]
ar (m)	hava	[hava]

farol (m)	deniz feneri	[deniz feneri]
mergulhar (vi)	dalmak	[dalmak]
afundar-se (vr)	batmak	[batmak]
tesouros (m pl)	hazine	[hazine]

78. Nomes de Mares e Oceanos

Oceano (m) Atlântico	Atlas Okyanusu	[atlas okjanusu]
Oceano (m) Índico	Hint Okyanusu	[hint okjanusu]
Oceano (m) Pacífico	Pasifik Okyanusu	[pasifik okjanusu]
Oceano (m) Ártico	Kuzey Buz Denizi	[kuzej buz denizi]

Mar (m) Negro	Karadeniz	[karadeniz]
Mar (m) Vermelho	Kızıldeniz	[kızıldeniz]
Mar (m) Amarelo	Sarı Deniz	[sarı deniz]
Mar (m) Branco	Beyaz Deniz	[bejaz deniz]

Mar (m) Cáspio	Hazar Denizi	[hazar denizi]
Mar (m) Morto	Ölüdeniz	[ølydeniz]
Mar (m) Mediterrâneo	Akdeniz	[akdeniz]

| Mar (m) Egeu | Ege Denizi | [ege denizi] |
| Mar (m) Adriático | Adriyatik Denizi | [adrijatik denizi] |

Mar (m) Arábico	Umman Denizi	[umman denizi]
Mar (m) do Japão	Japon Denizi	[ʒapon denizi]
Mar (m) de Bering	Bering Denizi	[bering denizi]

Mar (m) da China Meridional	Güney Çin Denizi	[gynej tʃin denizi]
Mar (m) de Coral	Mercan Denizi	[merdʒan denizi]
Mar (m) de Tasman	Tasman Denizi	[tasman denizi]
Mar (m) do Caribe	Karayip Denizi	[karajip denizi]

| Mar (m) de Barents | Barents Denizi | [barents denizi] |
| Mar (m) de Kara | Kara Denizi | [kara denizi] |

Mar (m) do Norte	Kuzey Denizi	[kuzej denizi]
Mar (m) Báltico	Baltık Denizi	[baltık denizi]
Mar (m) da Noruega	Norveç Denizi	[norvetʃ denizi]

79. Montanhas

montanha (f)	dağ	[daa]
cordilheira (f)	dağ silsilesi	[daa silsilesi]
serra (f)	sıradağlar	[sıradaalar]

cume (m)	zirve	[zirve]
pico (m)	doruk, zirve	[doruk], [zirve]
pé (m)	etek	[etek]
declive (m)	yamaç	[jamatʃ]

vulcão (m)	yanardağ	[janardaa]
vulcão (m) ativo	faal yanardağ	[faal janardaa]
vulcão (m) extinto	sönmüş yanardağ	[sønmyʃ janardaa]

erupção (f)	püskürme	[pyskyrme]
cratera (f)	yanardağ ağzı	[janardaa aazı]
magma (m)	magma	[magma]
lava (f)	lav	[lav]
fundido (lava ~a)	kızgın	[kızgın]

cânion, desfiladeiro (m)	kanyon	[kanjon]
garganta (f)	boğaz	[boaz]
fenda (f)	dere	[dere]
precipício (m)	uçurum	[utʃurum]

passo, colo (m)	dağ geçidi	[daa getʃidi]
planalto (m)	yayla	[jajla]
falésia (f)	kaya	[kaja]
colina (f)	tepe	[tepe]

geleira (f)	buzluk	[buzluk]
cachoeira (f)	şelâle	[ʃelale]
gêiser (m)	gayzer	[gajzer]
lago (m)	göl	[gøl]

planície (f)	ova	[ova]
paisagem (f)	manzara	[manzara]
eco (m)	yankı	[jankı]

| alpinista (m) | dağcı, alpinist | [daadʒı], [alpinist] |
| escalador (m) | dağcı | [daadʒı] |

| conquistar (vt) | fethetmek | [fethetmek] |
| subida, escalada (f) | tırmanma | [tırmanma] |

80. Nomes de montanhas

Alpes (m pl)	Alp Dağları	[alp daaları]
Monte Branco (m)	Mont Blanc	[mont blan]
Pirineus (m pl)	Pireneler	[pireneler]

Cárpatos (m pl)	Karpatlar	[karpatlar]
Urais (m pl)	Ural Dağları	[ural daaları]
Cáucaso (m)	Kafkasya	[kafkasja]
Elbrus (m)	Elbruz Dağı	[elbrus daaı]

Altai (m)	Altay	[altaj]
Tian Shan (m)	Tien-şan	[tjen ʃan]
Pamir (m)	Pamir	[pamir]
Himalaia (m)	Himalaya Dağları	[himalaja daaları]
monte Everest (m)	Everest Dağı	[everest daaı]

| Cordilheira (f) dos Andes | And Dağları | [and daaları] |
| Kilimanjaro (m) | Kilimanjaro | [kilimandʒaro] |

81. Rios

rio (m)	nehir, ırmak	[nehir], [ırmak]
fonte, nascente (f)	kaynak	[kajnak]
leito (m) de rio	nehir yatağı	[nehir jataı]
bacia (f)	havza	[havza]
desaguar no ...	... dökülmek	[døkylmek]

| afluente (m) | kol | [kol] |
| margem (do rio) | sahil | [sahil] |

corrente (f)	akıntı	[akıntı]
rio abaixo	nehir boyunca	[nehir bojundʒa]
rio acima	nehirden yukarı	[nehirden jukarı]

inundação (f)	taşkın	[taʃkın]
cheia (f)	nehrin taşması	[nehrin taʃması]
transbordar (vi)	taşmak	[taʃmak]
inundar (vt)	su basmak	[su basmak]

| banco (m) de areia | sığlık | [sı:ılık] |
| corredeira (f) | nehrin akıntılı yeri | [nehrin akıntılı jeri] |

barragem (f)	baraj	[baraʒ]
canal (m)	kanal	[kanal]
reservatório (m) de água	baraj gölü	[baraʒ gøly]
eclusa (f)	alavere havuzu	[alavere havuzu]
corpo (m) de água	su birikintisi	[su birikintisi]
pântano (m)	bataklık	[bataklık]

lamaçal (m)	**bataklık arazi**	[bataklık arazi]
redemoinho (m)	**girdap**	[girdap]
riacho (m)	**dere**	[dere]
potável (adj)	**içilir**	[itʃilir]
doce (água)	**tatlı**	[tatlı]
gelo (m)	**buz**	[buz]
congelar-se (vr)	**buz tutmak**	[buz tutmak]

82. Nomes de rios

rio Sena (m)	**Sen nehri**	[sen nehri]
rio Loire (m)	**Loire nehri**	[luara nehri]
rio Tâmisa (m)	**Thames nehri**	[temz nehri]
rio Reno (m)	**Ren nehri**	[ren nehri]
rio Danúbio (m)	**Tuna nehri**	[tuna nehri]
rio Volga (m)	**Volga nehri**	[volga nehri]
rio Don (m)	**Don nehri**	[don nehri]
rio Lena (m)	**Lena nehri**	[lena nehri]
rio Amarelo (m)	**Sarı Irmak**	[sarı ırmak]
rio Yangtzé (m)	**Yangçe nehri**	[jangtʃe nehri]
rio Mekong (m)	**Mekong nehri**	[mekong nehri]
rio Ganges (m)	**Ganj nehri**	[ganʒ nehri]
rio Nilo (m)	**Nil nehri**	[nil nehri]
rio Congo (m)	**Kongo nehri**	[kongo nehri]
rio Cubango (m)	**Okavango nehri**	[okavango nehri]
rio Zambeze (m)	**Zambezi nehri**	[zambezi nehri]
rio Limpopo (m)	**Limpopo nehri**	[limpopo nehri]
rio Mississippi (m)	**Mississippi nehri**	[misisipi nehri]

83. Floresta

floresta (f), bosque (m)	**orman**	[orman]
florestal (adj)	**orman**	[orman]
mata (f) fechada	**kesif orman**	[kesif orman]
arvoredo (m)	**koru, ağaçlık**	[koru], [aatʃlık]
clareira (f)	**ormanda açıklığı**	[ormanda atʃıklı:ı]
matagal (m)	**sık ağaçlık**	[ʃık aatʃlık]
mato (m), caatinga (f)	**çalılık**	[tʃalılık]
pequena trilha (f)	**keçi yolu**	[ketʃi jolu]
ravina (f)	**sel yatağı**	[sel jataı]
árvore (f)	**ağaç**	[aatʃ]
folha (f)	**yaprak**	[japrak]

folhagem (f)	yapraklar	[japraklar]
queda (f) das folhas	yaprak dökümü	[japrak døkymy]
cair (vi)	dökülmek	[døkylmek]
topo (m)	ağacın tepesi	[aadʒın tepesi]

ramo (m)	dal	[dal]
galho (m)	ağaç dalı	[aatʃ dalı]
botão (m)	tomurcuk	[tomurdʒuk]
agulha (f)	iğne yaprak	[i:ine japrak]
pinha (f)	kozalak	[kozalak]

buraco (m) de árvore	kovuk	[kovuk]
ninho (m)	yuva	[juva]
toca (f)	in	[in]

tronco (m)	gövde	[gøvde]
raiz (f)	kök	[køk]
casca (f) de árvore	kabuk	[kabuk]
musgo (m)	yosun	[josun]

arrancar pela raiz	kökünden sökmek	[køkynden søkmek]
cortar (vt)	kesmek	[kesmek]
desflorestar (vt)	ağaçları yok etmek	[aatʃları jok etmek]
toco, cepo (m)	kütük	[kytyk]

fogueira (f)	kamp ateşi	[kamp ateʃi]
incêndio (m) florestal	yangın	[jangın]
apagar (vt)	söndürmek	[søndyrmek]

guarda-parque (m)	orman bekçisi	[orman bektʃisi]
proteção (f)	koruma	[koruma]
proteger (a natureza)	korumak	[korumak]
caçador (m) furtivo	kaçak avcı	[katʃak avdʒı]
armadilha (f)	kapan	[kapan]

| colher (cogumelos, bagas) | toplamak | [toplamak] |
| perder-se (vr) | yolunu kaybetmek | [jolunu kajbetmek] |

84. Recursos naturais

recursos (m pl) naturais	doğal kaynaklar	[doal kajnaklar]
minerais (m pl)	madensel maddeler	[madensel maddeler]
depósitos (m pl)	katman	[katman]
jazida (f)	yatak	[jatak]

extrair (vt)	çıkarmak	[tʃıkarmak]
extração (f)	maden çıkarma	[maden tʃıkarma]
minério (m)	filiz	[filiz]
mina (f)	maden ocağı	[maden odʒaı]
poço (m) de mina	kuyu	[kuju]
mineiro (m)	maden işçisi	[maden iʃtʃisi]

| gás (m) | gaz | [gaz] |
| gasoduto (m) | gaz boru hattı | [gaz boru hattı] |

petróleo (m)	**petrol**	[petrol]
oleoduto (m)	**petrol boru hattı**	[petrol boru hattı]
poço (m) de petróleo	**petrol kulesi**	[petrol kulesi]
torre (f) petrolífera	**sondaj kulesi**	[sondaʒ kulesi]
petroleiro (m)	**tanker**	[tanker]

areia (f)	**kum**	[kum]
calcário (m)	**kireçtaşı**	[kiretʃtaʃı]
cascalho (m)	**çakıl**	[tʃakılı]
turfa (f)	**turba**	[turba]
argila (f)	**kil**	[kil]
carvão (m)	**kömür**	[kømyr]

ferro (m)	**demir**	[demir]
ouro (m)	**altın**	[altın]
prata (f)	**gümüş**	[gymyʃ]
níquel (m)	**nikel**	[nikel]
cobre (m)	**bakır**	[bakır]

zinco (m)	**çinko**	[tʃinko]
manganês (m)	**manganez**	[manganez]
mercúrio (m)	**cıva**	[dʒıva]
chumbo (m)	**kurşun**	[kurʃun]

mineral (m)	**mineral**	[mineral]
cristal (m)	**billur**	[billyr]
mármore (m)	**mermer**	[mermer]
urânio (m)	**uranyum**	[uranjum]

85. Tempo

tempo (m)	**hava**	[hava]
previsão (f) do tempo	**hava tahmini**	[hava tahmini]
temperatura (f)	**sıcaklık**	[sıdʒaklık]
termômetro (m)	**termometre**	[termometre]
barômetro (m)	**barometre**	[barometre]

úmido (adj)	**nemli**	[nemli]
umidade (f)	**nem**	[nem]
calor (m)	**sıcaklık**	[sıdʒaklık]
tórrido (adj)	**sıcak**	[sıdʒak]
está muito calor	**hava sıcak**	[hava sıdʒak]

está calor	**hava ılık**	[hava ılık]
quente (morno)	**ılık**	[ılık]

está frio	**hava soğuk**	[hava souk]
frio (adj)	**soğuk**	[souk]

sol (m)	**güneş**	[gyneʃ]
brilhar (vi)	**ışık vermek**	[ıʃık vermek]
de sol, ensolarado	**güneşli**	[gyneʃli]
nascer (vi)	**doğmak**	[doomak]
pôr-se (vr)	**batmak**	[batmak]

nuvem (f)	bulut	[bulut]
nublado (adj)	bulutlu	[bulutlu]
nuvem (f) preta	yağmur bulutu	[jaamur bulutu]
escuro, cinzento (adj)	kapalı	[kapalı]

chuva (f)	yağmur	[jaamur]
está a chover	yağmur yağıyor	[jaamur jaıjor]
chuvoso (adj)	yağmurlu	[jaamurlu]
chuviscar (vi)	çiselemek	[tʃiselemek]

chuva (f) torrencial	sağanak	[saanak]
aguaceiro (m)	şiddetli yağmur	[ʃiddetli jaamur]
forte (chuva, etc.)	şiddetli, zorlu	[ʃiddetli], [zorlu]
poça (f)	su birikintisi	[su birikintisi]
molhar-se (vr)	ıslanmak	[ıslanmak]

nevoeiro (m)	sis, duman	[sis], [duman]
de nevoeiro	sisli	[sisli]
neve (f)	kar	[kar]
está nevando	kar yağıyor	[kar jaıjor]

86. Tempo extremo. Catástrofes naturais

trovoada (f)	fırtına	[fırtına]
relâmpago (m)	şimşek	[ʃimʃek]
relampejar (vi)	çakmak	[tʃakmak]

trovão (m)	gök gürültüsü	[gøk gyryltysy]
trovejar (vi)	gürlemek	[gyrlemek]
está trovejando	gök gürlüyor	[gøk gyrlyjor]

granizo (m)	dolu	[dolu]
está caindo granizo	dolu yağıyor	[dolu jaıjor]

inundar (vt)	su basmak	[su basmak]
inundação (f)	taşkın	[taʃkın]

terremoto (m)	deprem	[deprem]
abalo, tremor (m)	sarsıntı	[sarsıntı]
epicentro (m)	deprem merkezi	[deprem merkezi]

erupção (f)	püskürme	[pyskyrme]
lava (f)	lav	[lav]

tornado (m)	hortum	[hortum]
tornado (m)	kasırga	[kasırga]
tufão (m)	tayfun	[tajfun]

furacão (m)	kasırga	[kasırga]
tempestade (f)	fırtına	[fırtına]
tsunami (m)	tsunami	[tsunami]

ciclone (m)	siklon	[siklon]
mau tempo (m)	kötü hava	[køty hava]

incêndio (m)	**yangın**	[jangın]
catástrofe (f)	**felaket**	[felaket]
meteorito (m)	**göktaşı**	[gøktaʃı]
avalanche (f)	**çığ**	[ʧıː]
deslizamento (m) de neve	**çığ**	[ʧıː]
nevasca (f)	**tipi**	[tipi]
tempestade (f) de neve	**kar fırtınası**	[kar fırtınası]

FAUNA

87. Mamíferos. Predadores

predador (m)	yırtıcı hayvan	[jɪrtɪdʒɪ hajvan]
tigre (m)	kaplan	[kaplan]
leão (m)	aslan	[aslan]
lobo (m)	kurt	[kurt]
raposa (f)	tilki	[tilki]
jaguar (m)	jagar, jaguar	[ʒagar]
leopardo (m)	leopar	[leopar]
chita (f)	çita	[tʃita]
pantera (f)	panter	[panter]
puma (m)	puma	[puma]
leopardo-das-neves (m)	kar leoparı	[kar leoparı]
lince (m)	vaşak	[vaʃak]
coiote (m)	kır kurdu	[kır kurdu]
chacal (m)	çakal	[tʃakal]
hiena (f)	sırtlan	[sırtlan]

88. Animais selvagens

animal (m)	hayvan	[hajvan]
besta (f)	vahşi hayvan	[vahʃi hajvan]
esquilo (m)	sincap	[sindʒap]
ouriço (m)	kirpi	[kirpi]
lebre (f)	yabani tavşan	[jabani tavʃan]
coelho (m)	tavşan	[tavʃan]
texugo (m)	porsuk	[porsuk]
guaxinim (m)	rakun	[rakun]
hamster (m)	cırlak sıçan	[dʒirlak sıtʃan]
marmota (f)	dağ sıçanı	[daa sıtʃanı]
toupeira (f)	köstebek	[køstebek]
rato (m)	fare	[fare]
ratazana (f)	sıçan	[sıtʃan]
morcego (m)	yarasa	[jarasa]
arminho (m)	kakım	[kakım]
zibelina (f)	samur	[samur]
marta (f)	ağaç sansarı	[aatʃ sansarı]
doninha (f)	gelincik	[gelindʒik]
visom (m)	vizon	[vizon]

castor (m)	kunduz	[kunduz]
lontra (f)	su samuru	[su samuru]
cavalo (m)	at	[at]
alce (m)	Avrupa musu	[avrupa musu]
veado (m)	geyik	[gejik]
camelo (m)	deve	[deve]
bisão (m)	bizon	[bizon]
auroque (m)	Avrupa bizonu	[avrupa bizonu]
búfalo (m)	manda	[manda]
zebra (f)	zebra	[zebra]
antílope (m)	antilop	[antilop]
corça (f)	karaca	[karadʒa]
gamo (m)	alageyik	[alagejik]
camurça (f)	dağ keçisi	[daa ketʃisi]
javali (m)	yaban domuzu	[jaban domuzu]
baleia (f)	balina	[balina]
foca (f)	fok	[fok]
morsa (f)	mors	[mors]
urso-marinho (m)	kürklü fok balığı	[kyrkly fok balı:ı]
golfinho (m)	yunus	[junus]
urso (m)	ayı	[ajı]
urso (m) polar	beyaz ayı	[bejaz ajı]
panda (m)	panda	[panda]
macaco (m)	maymun	[majmun]
chimpanzé (m)	şempanze	[ʃempanze]
orangotango (m)	orangutan	[orangutan]
gorila (m)	goril	[goril]
macaco (m)	makak	[makak]
gibão (m)	jibon	[ʒibon]
elefante (m)	fil	[fil]
rinoceronte (m)	gergedan	[gergedan]
girafa (f)	zürafa	[zyrafa]
hipopótamo (m)	su aygırı	[su ajgırı]
canguru (m)	kanguru	[kanguru]
coala (m)	koala	[koala]
mangusto (m)	firavunfaresi	[fıravunfaresi]
chinchila (f)	şinşilla	[ʃinʃilla]
cangambá (f)	kokarca	[kokardʒa]
porco-espinho (m)	oklukirpi	[oklukirpi]

89. Animais domésticos

gata (f)	kedi	[kedi]
gato (m) macho	erkek kedi	[erkek kedi]
cão (m)	köpek	[køpek]

cavalo (m)	at	[at]
garanhão (m)	aygır	[ajgır]
égua (f)	kısrak	[kısrak]

vaca (f)	inek	[inek]
touro (m)	boğa	[boa]
boi (m)	öküz	[økyz]

ovelha (f)	koyun	[kojun]
carneiro (m)	koç	[kotʃ]
cabra (f)	keçi	[ketʃi]
bode (m)	teke	[teke]

burro (m)	eşek	[eʃek]
mula (f)	katır	[katır]

porco (m)	domuz	[domuz]
leitão (m)	domuz yavrusu	[domuz javrusu]
coelho (m)	tavşan	[tavʃan]

galinha (f)	tavuk	[tavuk]
galo (m)	horoz	[horoz]

pata (f), pato (m)	ördek	[ørdek]
pato (m)	suna	[suna]
ganso (m)	kaz	[kaz]

peru (m)	erkek hindi	[erkek hindi]
perua (f)	dişi hindi	[diʃi hindi]

animais (m pl) domésticos	evcil hayvanlar	[evdʒil hajvanlar]
domesticado (adj)	evcil	[evdʒil]
domesticar (vt)	evcilleştirmek	[evdʒilleʃtirmek]
criar (vt)	yetiştirmek	[jetiʃtirmek]

fazenda (f)	çiftlik	[tʃiftlik]
aves (f pl) domésticas	kümse hayvanları	[kymse hajvanları]
gado (m)	çiftlik hayvanları	[tʃiftlik hajvanları]
rebanho (m), manada (f)	sürü	[syry]

estábulo (m)	ahır	[ahır]
chiqueiro (m)	domuz ahırı	[domuz ahırı]
estábulo (m)	inek ahırı	[inek ahırı]
coelheira (f)	tavşan kafesi	[tavʃan kafesi]
galinheiro (m)	tavuk kümesi	[tavuk kymesi]

90. Pássaros

pássaro (m), ave (f)	kuş	[kuʃ]
pombo (m)	güvercin	[gyverdʒin]
pardal (m)	serçe	[sertʃe]
chapim-real (m)	baştankara	[baʃtankara]
pega-rabuda (f)	saksağan	[saksaan]
corvo (m)	kara karga, kuzgun	[kara karga], [kuzgun]

gralha-cinzenta (f)	karga	[karga]
gralha-de-nuca-cinzenta (f)	küçük karga	[kytʃuk karga]
gralha-calva (f)	ekin kargası	[ekin kargası]

pato (m)	ördek	[ørdek]
ganso (m)	kaz	[kaz]
faisão (m)	sülün	[sylyn]

águia (f)	kartal	[kartal]
açor (m)	atmaca	[atmadʒa]
falcão (m)	doğan	[doan]
abutre (m)	akbaba	[akbaba]
condor (m)	kondor	[kondor]

cisne (m)	kuğu	[kuu]
grou (m)	turna	[turna]
cegonha (f)	leylek	[lejlek]

papagaio (m)	papağan	[papaan]
beija-flor (m)	sinekkuşu	[sinek kuʃu]
pavão (m)	tavus	[tavus]

avestruz (m)	deve kuşu	[deve kuʃu]
garça (f)	balıkçıl	[balıktʃil]
flamingo (m)	flamingo	[flamingo]
pelicano (m)	pelikan	[pelikan]

| rouxinol (m) | bülbül | [bylbyl] |
| andorinha (f) | kırlangıç | [kırlangıtʃ] |

tordo-zornal (m)	ardıç kuşu	[ardıtʃ kuʃu]
tordo-músico (m)	öter ardıç kuşu	[øter ardıtʃ kuʃu]
melro-preto (m)	karatavuk	[kara tavuk]

andorinhão (m)	sağan	[saan]
cotovia (f)	toygar	[tojgar]
codorna (f)	bıldırcın	[bıldırdʒın]

pica-pau (m)	ağaçkakan	[aatʃkakan]
cuco (m)	guguk	[guguk]
coruja (f)	baykuş	[bajkuʃ]
bufo-real (m)	puhu kuşu	[puhu kuʃu]
tetraz-grande (m)	çalıhorozu	[tʃalı horozu]
tetraz-lira (m)	kayın tavuğu	[kajın tavuu]
perdiz-cinzenta (f)	keklik	[keklik]

estorninho (m)	sığırcık	[sıːırdʒık]
canário (m)	kanarya	[kanarja]
galinha-do-mato (f)	çil	[tʃil]

| tentilhão (m) | ispinoz | [ispinoz] |
| dom-fafe (m) | şakrak kuşu | [ʃakrak kuʃu] |

gaivota (f)	martı	[martı]
albatroz (m)	albatros	[albatros]
pinguim (m)	penguen	[penguen]

91. Peixes. Animais marinhos

brema (f)	çapak balığı	[ʧapak balı:ı]
carpa (f)	sazan	[sazan]
perca (f)	tatlı su levreği	[tatlı su levrei]
siluro (m)	yayın	[jajın]
lúcio (m)	turna balığı	[turna balı:ı]
salmão (m)	som balığı	[som balı:ı]
esturjão (m)	mersin balığı	[mersin balı:ı]
arenque (m)	ringa	[ringa]
salmão (m) do Atlântico	som, somon	[som], [somon]
cavala, sarda (f)	uskumru	[uskumru]
solha (f), linguado (m)	kalkan	[kalkan]
lúcio perca (m)	uzunlevrek	[uzunlevrek]
bacalhau (m)	morina balığı	[morina balı:ı]
atum (m)	ton balığı	[ton balı:ı]
truta (f)	alabalık	[alabalık]
enguia (f)	yılan balığı	[jılan balı:ı]
raia (f) elétrica	torpilbalığı	[torpil balı:ı]
moreia (f)	murana	[murana]
piranha (f)	pirana	[pirana]
tubarão (m)	köpek balığı	[køpek balı:ı]
golfinho (m)	yunus	[junus]
baleia (f)	balina	[balina]
caranguejo (m)	yengeç	[jengeʧ]
água-viva (f)	denizanası	[deniz anası]
polvo (m)	ahtapot	[ahtapot]
estrela-do-mar (f)	deniz yıldızı	[deniz jıldızı]
ouriço-do-mar (m)	deniz kirpisi	[deniz kirpisi]
cavalo-marinho (m)	denizatı	[denizatı]
ostra (f)	istiridye	[istiridje]
camarão (m)	karides	[karides]
lagosta (f)	ıstakoz	[ıstakoz]
lagosta (f)	langust	[langust]

92. Anfíbios. Répteis

cobra (f)	yılan	[jılan]
venenoso (adj)	zehirli	[zehirli]
víbora (f)	engerek	[engirek]
naja (f)	kobra	[kobra]
píton (m)	piton	[piton]
jiboia (f)	boa yılanı	[boa jılanı]
cobra-de-água (f)	çayır yılanı	[ʧajır jılanı]

| cascavel (f) | çıngıraklı yılan | [ʧɪrgɪraklɪ jɪlan] |
| anaconda (f) | anakonda | [anakonda] |

lagarto (m)	kertenkele	[kertenkele]
iguana (f)	iguana	[iguana]
varano (m)	varan	[varan]
salamandra (f)	salamandra	[salamandra]
camaleão (m)	bukalemun	[bukalemun]
escorpião (m)	akrep	[akrep]

tartaruga (f)	kaplumbağa	[kaplumbaa]
rã (f)	kurbağa	[kurbaa]
sapo (m)	kara kurbağa	[kara kurbaa]
crocodilo (m)	timsah	[timsah]

93. Insetos

inseto (m)	böcek, haşere	[bødʒek], [haʃere]
borboleta (f)	kelebek	[kelebek]
formiga (f)	karınca	[karındʒa]
mosca (f)	sinek	[sinek]
mosquito (m)	sivri sinek	[sivri sinek]
escaravelho (m)	böcek	[bødʒek]

vespa (f)	eşek arısı	[eʃek arısı]
abelha (f)	arı	[arı]
mamangaba (f)	toprak yaban arısı	[toprak jaban arısı]
moscardo (m)	at sineği	[at sinei]

| aranha (f) | örümcek | [ørymdʒek] |
| teia (f) de aranha | örümcek ağı | [ørymdʒek aı] |

libélula (f)	kız böceği	[kız bødʒei]
gafanhoto (m)	çekirge	[ʧekirge]
traça (f)	pervane	[pervane]

barata (f)	hamam böceği	[hamam bødʒei]
carrapato (m)	kene, sakırga	[kene], [sakırga]
pulga (f)	pire	[pire]
borrachudo (m)	tatarcık	[tatardʒık]

gafanhoto (m)	çekirge	[ʧekirge]
caracol (m)	sümüklü böcek	[symykly bødʒek]
grilo (m)	cırcır böceği	[dʒırdʒır bødʒei]
pirilampo, vaga-lume (m)	ateş böceği	[ateʃ bødʒei]
joaninha (f)	uğur böceği	[uur bødʒei]
besouro (m)	mayıs böceği	[majıs bødʒei]

sanguessuga (f)	sülük	[sylyk]
lagarta (f)	tırtıl	[tırtıl]
minhoca (f)	solucan	[soludʒan]
larva (f)	kurtçuk	[kurtʃuk]

FLORA

94. Árvores

árvore (f)	ağaç	[aatʃ]
decídua (adj)	geniş yapraklı	[geniʃ japraklı]
conífera (adj)	iğne yapraklı	[i:ine japraklı]
perene (adj)	her dem taze	[her dem taze]
macieira (f)	elma ağacı	[elma aadʒı]
pereira (f)	armut ağacı	[armut aadʒı]
cerejeira (f)	kiraz ağacı	[kiraz aadʒı]
ginjeira (f)	vişne ağacı	[viʃne aadʒı]
ameixeira (f)	erik ağacı	[erik aadʒı]
bétula (f)	huş ağacı	[huʃ aadʒı]
carvalho (m)	meşe	[meʃe]
tília (f)	ıhlamur	[ıhlamur]
choupo-tremedor (m)	titrek kavak	[titrek kavak]
bordo (m)	akça ağaç	[aktʃa aatʃ]
espruce (m)	ladin	[ladin]
pinheiro (m)	çam ağacı	[tʃam aadʒı]
alerce, lariço (m)	melez ağacı	[melez aadʒı]
abeto (m)	köknar	[køknar]
cedro (m)	sedir	[sedir]
choupo, álamo (m)	kavak	[kavak]
tramazeira (f)	üvez ağacı	[yvez aadʒı]
salgueiro (m)	söğüt	[søjut]
amieiro (m)	kızılağaç	[kızılaatʃ]
faia (f)	kayın	[kajın]
ulmeiro, olmo (m)	karaağaç	[kara aatʃ]
freixo (m)	dişbudak ağacı	[diʃbudak aadʒı]
castanheiro (m)	kestane	[kestane]
magnólia (f)	manolya	[manolja]
palmeira (f)	palmiye	[palmije]
cipreste (m)	servi	[servi]
mangue (m)	mangrov	[mangrov]
embondeiro, baobá (m)	baobab ağacı	[baobab aadʒı]
eucalipto (m)	okaliptüs	[okaliptys]
sequoia (f)	sekoya	[sekoja]

95. Arbustos

arbusto (m)	çalı	[tʃalı]
arbusto (m), moita (f)	çalılık	[tʃalılık]

| videira (f) | üzüm | [yzym] |
| vinhedo (m) | bağ | [baa] |

framboeseira (f)	ahududu	[ahududu]
groselheira-negra (f)	siyah frenk üzümü	[sijah frenk yzymy]
groselheira-vermelha (f)	kırmızı frenk üzümü	[kırmızı frenk yzymy]
groselheira (f) espinhosa	bektaşi üzümü	[bektaʃi yzymy]

acácia (f)	akasya	[akasja]
bérberis (f)	diken üzümü	[diken yzymy]
jasmim (m)	yasemin	[jasemin]

junípero (m)	ardıç	[ardıtʃ]
roseira (f)	gül ağacı	[gyl aadʒı]
roseira (f) brava	yaban gülü	[jaban gyly]

96. Frutos. Bagas

fruta (f)	meyve	[mejve]
frutas (f pl)	meyveler	[mejveler]
maçã (f)	elma	[elma]
pera (f)	armut	[armut]
ameixa (f)	erik	[erik]

morango (m)	çilek	[tʃilek]
ginja (f)	vişne	[viʃne]
cereja (f)	kiraz	[kiraz]
uva (f)	üzüm	[yzym]

framboesa (f)	ahududu	[ahududu]
groselha (f) negra	siyah frenk üzümü	[sijah frenk yzymy]
groselha (f) vermelha	kırmızı frenk üzümü	[kırmızı frenk yzymy]
groselha (f) espinhosa	bektaşi üzümü	[bektaʃi yzymy]
oxicoco (m)	kızılcık	[kızıldʒık]

laranja (f)	portakal	[portakal]
tangerina (f)	mandalina	[mandalina]
abacaxi (m)	ananas	[ananas]

| banana (f) | muz | [muz] |
| tâmara (f) | hurma | [hurma] |

limão (m)	limon	[limon]
damasco (m)	kayısı	[kajısı]
pêssego (m)	şeftali	[ʃeftali]

| quiuí (m) | kivi | [kivi] |
| toranja (f) | greypfrut | [grejpfrut] |

baga (f)	meyve, yemiş	[mejve], [jemiʃ]
bagas (f pl)	yemişler	[jemiʃler]
arando (m) vermelho	kırmızı yaban mersini	[kırmızı jaban mersini]
morango-silvestre (m)	yabani çilek	[jabani tʃilek]
mirtilo (m)	yaban mersini	[jaban mersini]

97. Flores. Plantas

flor (f)	çiçek	[ʧiʧek]
buquê (m) de flores	demet	[demet]
rosa (f)	gül	[gyl]
tulipa (f)	lale	[lale]
cravo (m)	karanfil	[karanfil]
gladíolo (m)	glayöl	[glajøl]
centáurea (f)	peygamber çiçeği	[pejgamber ʧiʧei]
campainha (f)	çançiçeği	[ʧanʧiʧei]
dente-de-leão (m)	hindiba	[hindiba]
camomila (f)	papatya	[papatja]
aloé (m)	sarısabır	[sarısabır]
cacto (m)	kaktüs	[kaktys]
fícus (m)	kauçuk ağacı	[kauʧuk aaʤı]
lírio (m)	zambak	[zambak]
gerânio (m)	sardunya	[sardunija]
jacinto (m)	sümbül	[symbyl]
mimosa (f)	mimoza	[mimoza]
narciso (m)	nergis	[nergis]
capuchinha (f)	latin çiçeği	[latin ʧiʧei]
orquídea (f)	orkide	[orkide]
peônia (f)	şakayık	[ʃakajık]
violeta (f)	menekşe	[menekʃe]
amor-perfeito (m)	hercai menekşe	[herʤai menekʃe]
não-me-esqueças (m)	unutmabeni	[unutmabeni]
margarida (f)	papatya	[papatja]
papoula (f)	haşhaş	[haʃhaʃ]
cânhamo (m)	kendir	[kendir]
hortelã, menta (f)	nane	[nane]
lírio-do-vale (m)	inci çiçeği	[inʤi ʧiʧei]
campânula-branca (f)	kardelen	[kardelen]
urtiga (f)	ısırgan otu	[ısırgan otu]
azedinha (f)	kuzukulağı	[kuzukulaı]
nenúfar (m)	beyaz nilüfer	[bejaz nilyfer]
samambaia (f)	eğreltiotu	[eereltiotu]
líquen (m)	liken	[liken]
estufa (f)	limonluk	[limonlyk]
gramado (m)	çimen	[ʧimen]
canteiro (m) de flores	çiçek tarhı	[ʧiʧek tarhı]
planta (f)	bitki	[bitki]
grama (f)	ot	[ot]
folha (f) de grama	ot çöpü	[ot ʧøpy]

folha (f)	yaprak	[japrak]
pétala (f)	taçyaprağı	[tatʃjapraɪ]
talo (m)	sap	[sap]
tubérculo (m)	yumru	[jumru]

| broto, rebento (m) | filiz | [filiz] |
| espinho (m) | diken | [diken] |

florescer (vi)	çiçeklenmek	[ʧiʧeklenmek]
murchar (vi)	solmak	[solmak]
cheiro (m)	koku	[koku]
cortar (flores)	kesmek	[kesmek]
colher (uma flor)	koparmak	[koparmak]

98. Cereais, grãos

grão (m)	tahıl, tane	[tahɪl], [tane]
cereais (plantas)	tahıllar	[tahɪllar]
espiga (f)	başak	[baʃak]

trigo (m)	buğday	[buudaj]
centeio (m)	çavdar	[ʧavdar]
aveia (f)	yulaf	[julaf]
painço (m)	darı	[darɪ]
cevada (f)	arpa	[arpa]

milho (m)	mısır	[mɪsɪr]
arroz (m)	pirinç	[pirinʧ]
trigo-sarraceno (m)	karabuğday	[karabuudaj]

ervilha (f)	bezelye	[bezelje]
feijão (m) roxo	fasulye	[fasulje]
soja (f)	soya	[soja]
lentilha (f)	mercimek	[merdʒimek]
feijão (m)	bakla	[bakla]

PAÍSES DO MUNDO

99. Países. Parte 1

Afeganistão (m)	Afganistan	[afganistan]
África (f) do Sul	Güney Afrika Cumhuriyeti	[gynej afrika dʒumhurijeti]
Albânia (f)	Arnavutluk	[arnavutluk]
Alemanha (f)	Almanya	[almanja]
Arábia (f) Saudita	Suudi Arabistan	[suudi arabistan]
Argentina (f)	Arjantin	[arʒantin]
Armênia (f)	Ermenistan	[ermenistan]
Austrália (f)	Avustralya	[avustralja]
Áustria (f)	Avusturya	[avusturja]
Azerbaijão (m)	Azerbaycan	[azerbajdʒan]
Bahamas (f pl)	Bahama adaları	[bahama adaları]
Bangladesh (m)	Bangladeş	[bangladeʃ]
Bélgica (f)	Belçika	[beltʃika]
Belarus	Beyaz Rusya	[bejaz rusja]
Bolívia (f)	Bolivya	[bolivja]
Bósnia e Herzegovina (f)	Bosna-Hersek	[bosna hertsek]
Brasil (m)	Brezilya	[brezilja]
Bulgária (f)	Bulgaristan	[bulgaristan]
Camboja (f)	Kamboçya	[kambotʃja]
Canadá (m)	Kanada	[kanada]
Cazaquistão (m)	Kazakistan	[kazakistan]
Chile (m)	Şili	[ʃili]
China (f)	Çin	[tʃin]
Chipre (m)	Kıbrıs	[kıbrıs]
Colômbia (f)	Kolombiya	[kolombija]
Coreia (f) do Norte	Kuzey Kore	[kuzej kore]
Coreia (f) do Sul	Güney Kore	[gynej kore]
Croácia (f)	Hırvatistan	[hırvatistan]
Cuba (f)	Küba	[kyba]
Dinamarca (f)	Danimarka	[danimarka]
Egito (m)	Mısır	[mısır]
Emirados Árabes Unidos	Birleşik Arap Emirlikleri	[birleʃik arap emirlikleri]
Equador (m)	Ekvator	[ekvator]
Escócia (f)	İskoçya	[iskotʃja]
Eslováquia (f)	Slovakya	[slovakja]
Eslovênia (f)	Slovenya	[slovenja]
Espanha (f)	İspanya	[ispanja]
Estados Unidos da América	Amerika Birleşik Devletleri	[amerika birleʃik devletleri]
Estônia (f)	Estonya	[estonja]
Finlândia (f)	Finlandiya	[finlandja]
França (f)	Fransa	[fransa]

100. Países. Parte 2

Gana (f)	**Gana**	[gana]
Geórgia (f)	**Gürcistan**	[gyrdʒistan]
Grã-Bretanha (f)	**Büyük Britanya**	[byjuk britanja]
Grécia (f)	**Yunanistan**	[junanistan]
Haiti (m)	**Haiti**	[haiti]
Hungria (f)	**Macaristan**	[madʒaristan]
Índia (f)	**Hindistan**	[hindistan]
Indonésia (f)	**Endonezya**	[endonezja]
Inglaterra (f)	**İngiltere**	[ingiltere]
Irã (m)	**İran**	[iran]
Iraque (m)	**Irak**	[ɪrak]
Irlanda (f)	**İrlanda**	[irlanda]
Islândia (f)	**İzlanda**	[izlanda]
Israel (m)	**İsrail**	[israil]
Itália (f)	**İtalya**	[italja]
Jamaica (f)	**Jamaika**	[ʒamajka]
Japão (m)	**Japonya**	[ʒaponja]
Jordânia (f)	**Ürdün**	[urdyn]
Kuwait (m)	**Kuveyt**	[kuvejt]
Laos (m)	**Laos**	[laos]
Letônia (f)	**Letonya**	[letonja]
Líbano (m)	**Lübnan**	[lybnan]
Líbia (f)	**Libya**	[libja]
Liechtenstein (m)	**Lihtenştayn**	[lihtenʃtajn]
Lituânia (f)	**Litvanya**	[litvanja]
Luxemburgo (m)	**Lüksemburg**	[lyksemburg]
Macedônia (f)	**Makedonya**	[makedonja]
Madagascar (m)	**Madagaskar**	[madagaskar]
Malásia (f)	**Malezya**	[malezja]
Malta (f)	**Malta**	[malta]
Marrocos	**Fas**	[fas]
México (m)	**Meksika**	[meksika]
Birmânia (f)	**Myanmar**	[mjanmar]
Moldávia (f)	**Moldova**	[moldova]
Mônaco (m)	**Monako**	[monako]
Mongólia (f)	**Moğolistan**	[moolistan]
Montenegro (m)	**Karadağ**	[karadaa]
Namíbia (f)	**Namibya**	[namibja]
Nepal (m)	**Nepal**	[nepal]
Noruega (f)	**Norveç**	[norvetʃ]
Nova Zelândia (f)	**Yeni Zelanda**	[jeni zelanda]

101. Países. Parte 3

Países Baixos (m pl)	**Hollanda**	[hollanda]
Palestina (f)	**Filistin**	[filistin]

Panamá (m)	Panama	[panama]
Paquistão (m)	Pakistan	[pakistan]
Paraguai (m)	Paraguay	[paraguaj]
Peru (m)	Peru	[peru]
Polinésia (f) Francesa	Fransız Polinezisi	[fransız polinezisi]

Polônia (f)	Polonya	[polonja]
Portugal (m)	Portekiz	[portekiz]
Quênia (f)	Kenya	[kenja]
Quirguistão (m)	Kırgızistan	[kırgızistan]
República (f) Checa	Çek Cumhuriyeti	[tʃek dʒumhurijeti]
República Dominicana	Dominik Cumhuriyeti	[dominik dʒumhurijeti]
Romênia (f)	Romanya	[romanja]

Rússia (f)	Rusya	[rusja]
Senegal (m)	Senegal	[senegal]
Sérvia (f)	Sırbistan	[sırbistan]
Síria (f)	Suriye	[surije]
Suécia (f)	İsveç	[isvetʃ]
Suíça (f)	İsviçre	[isvitʃre]
Suriname (m)	Surinam	[surinam]

Tailândia (f)	Tayland	[tailand]
Taiwan (m)	Tayvan	[tajvan]
Tajiquistão (m)	Tacikistan	[tadʒikistan]
Tanzânia (f)	Tanzanya	[tanzanja]
Tasmânia (f)	Tazmanya	[tazmanija]
Tunísia (f)	Tunus	[tunus]
Turquemenistão (m)	Türkmenistan	[tyrkmenistan]

Turquia (f)	Türkiye	[tyrkije]
Ucrânia (f)	Ukrayna	[ukrajna]
Uruguai (m)	Uruguay	[urugvaj]
Uzbequistão (f)	Özbekistan	[øzbekistan]
Vaticano (m)	Vatikan	[vatikan]
Venezuela (f)	Venezuela	[venezuela]
Vietnã (m)	Vietnam	[vjetnam]
Zanzibar (m)	Zanzibar	[zanzibar]

www.ingramcontent.com/pod-product-compliance
Lightning Source LLC
Chambersburg PA
CBHW070827050426
42452CB00011B/2201